Wilhelm Fleer

Der Jakobsweg und die Lebensleiter

Wilhelm Fleer

Der Jakobsweg und die Lebensleiter

Fromm Verlag

Imprint
Any brand names and product names mentioned in this book are subject to trademark, brand or patent protection and are trademarks or registered trademarks of their respective holders. The use of brand names, product names, common names, trade names, product descriptions etc. even without a particular marking in this work is in no way to be construed to mean that such names may be regarded as unrestricted in respect of trademark and brand protection legislation and could thus be used by anyone.

Cover image: www.ingimage.com

Publisher:
Fromm Verlag
is a trademark of
Dodo Books Indian Ocean Ltd. and OmniScriptum S.R.L publishing group

120 High Road, East Finchley, London, N2 9ED, United Kingdom
Str. Armeneasca 28/1, office 1, Chisinau MD-2012, Republic of Moldova, Europe
Printed at: see last page
ISBN: 978-613-8-37839-6

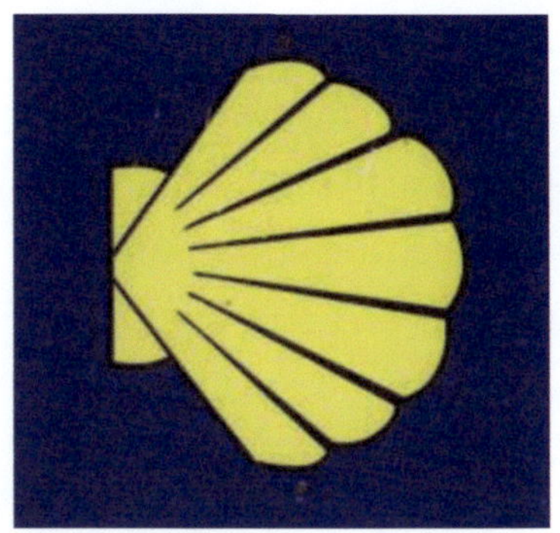

Einführung

Die Himmelsleiter auch als Jakobsleiter benannt wird in der Literatur und in der Filmwelt gerne und oft als geschichtliche oder spirituelle Inspiration herangezogen. Das Logo für den Jakobsweg ist international eine gelbe Muscheldarstellung. Biblische Geschichten und Wundererzählungen haben ihre Faszination über all die Jahrhunderte nicht eingebüßt. Es sind zumeist geschichtsträchtige und wundervolle Erzählungen aus einer bestimmten Epoche, die Menschen begeistern konnten und Wissenschaftler motiviert haben zu forschen und darüber zu lehren. Die Geschichte Jakobs im Alten Testament, Buch Genesis 27,1-45 ist nicht nur ein alttestamentliches und vielbedachtes und biblisch-theologisch oft als künstlerische Herausforderung herangezogene Bibelstelle, sondern ist es auch wert, ganz praktische Lebensvollzüge im Lichte der biblischen Erzählung zu bedenken.

 Mein Interesse an dieser biblischen Erzählung lässt sich wohl besonders gut in meiner dörflichen Sozialisation und meiner handwerklichen Tätigkeit als Maurer begründen. Mir kam beim Lesen dieser Bibelstelle die Leiter und der Mensch Jakob als eine Einheit in den Sinn, die es nicht verdient hat, unbedacht zu bleiben. Alles das, was sich der Mensch auf dieser Erde im Kleinen wie im Großen vorstellt oder sich wünscht, hängt mit diversen Leiter-Typen zusammen. Dabei möchte ich keinen Leitertyp favorisieren. Letztendlich geht es bei allen Leiter- Formen darum, die Möglichkeit zu nutzen, sich nach oben oder nach unten bewegen zu können. Das ist die Grundintention des menschlichen Lebens und dafür ist die Leiter ein geniales Hilfsmittel.

So sind wir als besondere Lebewesen gedacht und gewollt. Das menschliche Leben ist permanent in Bewegung und hat das Bestreben vor allen Dingen sich nach oben zu orientieren. Dieses gilt für den Körper wie für den Geist. Aus dieser Annahme heraus und den angeborenen Fähigkeiten konnte unser Leben hier auf unserer Erde beginnen. Ja, dass stimmt, dass unser Leben kein Ponyhof ist. Schon früh musste der Mensch lernen, den Alltag zu organisieren. Vieles scheint uns heute immer noch kompliziert und überflüssig.

Der Grund dafür ist meistens die Unkenntnis, richtig mit der neuen Situation umzugehen. Vom Anfang unseres Lebens an bis zu seinem Ende sind wir auf der Suche nach dem richtigen Weg für uns und dass unserer Mitmenschen. Dabei wissen die meisten Menschen, dass es keinen Königsweg gibt.

Diese Erkenntnis sollte uns aber nicht davon abhalten, neugierig zu bleiben, um andere neue Wege und Möglichkeiten auszuloten und dann diese zu gehen.

Die Welt ist in ihrer Vielfallt und ihrer Einzigartigkeit so bunt und schön, dass viele Menschen nur staunen können über ihre Komplexität und ihre Schönheit.

Die Vielfalt in der Natur und das friedliche Zusammenleben von Menschen und Tiere hat unseren Planeten ERDE im besten Sinne zum Paradies gemacht.

Der Preis für uns Menschen auf diesem Planeten wohnen zu dürfen ist „die Bewahrung der Schöpfung".

Bei allem Wohlwollen und ernstzunehmenden Bemühungen, die Umwelt und das Klima in vielen Kategorien unter ihrem Schutz zu stellen, ist leider auch anzumerken, dass noch sehr viel mehr auf dem grünen Planeten im Umweltschutz getan werden muss. Der Menschheitsgeschichte ist eine nicht zu unterschätzende Hypothek übertragen worden.

Die Geschichte des Jakob und der Jakobsleiter möchte uns im Alltag einen anderen Blick bzw. einen Perspektivwechsel schenken.

Mir ging es bei dem Versuch, die Jakobsgeschichte näher zu betrachten und die Dramatik der Jakobsgeschichte in unsere Lebenswelt einzubinden auch darum, persönliche Lebensentscheidungen zu hinterfragen. Natürlich war mir dabei die Vielfallt der Leiterformen aufzuzeigen auch ein besonderes Anliegen.

Die Vielfalt der unterschiedlichsten Leiterformen macht deutlich, dass wir die Leiter nicht aus unserem Leben verbannen können. Sie ist ein wichtiges, ein überlebenswichtiges Utensil. In diesem Sinne hat sie einen besonderen Platz in unserem Leben verdient. Diese Abhängigkeit ist vielen Menschen nicht immer präsent. Unser ganzes Erdenleben lang tragen wir Menschen eine Leiter mit uns herum. Das gesamte Leben ist ein Wegleiter. Der Weg ist das Ziel. Ein Weg ohne Aufs und Abs sind selten. Ich wage zu sagen, dass es ein Leben ohne Hochs und Tiefs nicht gibt. Immer sind wir angefragt eine Endscheidung zu treffen.

Schon sehr früh als Kind werden wir damit in Berührung kommen. Später wird die Leiter uns in unterschiedlichster Form und bei vielen Gelegenheiten wie selbstverständlich gute Dienste tun. Die Leiter begleitet uns Menschen ein Leben lang. Wenn wir einmal darüber nachdenken, wie unser Leben ohne Leitern, Treppen und ohne viele andere Hilfsmittel sein würde, dann wäre unsere Lebensqualität entscheidend eingeschränkt.

-Wir müssten uns wieder auf die Suche nach Alternativen machen, die uns helfen könnten, Höhenunterschiede auszugleichen. Im Wohnungsbau gehen wir selbstverständlich davon aus, dass Wohnetagen, vom Dachgeschoss bis in den Keller begehbar sind. Damit es diesen Komfort geben kann, benötigt es Leitern, Treppen und Aufzüge. Der menschliche Körperbau mit seiner Feinmotorik ist daraufhin geschaffen, Höhen in begrenztem Umfang auszugleichen.

 Natürlich musste der Mensch diese physiologische Hürde über einen langen Lernprozess einüben. Bei allen Leitertypen erleben wir förmlich eine Spannung, die uns mitnimmt. Es ist eine Dynamik und ein vermehrter Körpereinsatz nach oben zu spüren durch den unbedingten Wunsch endlich oben anzukommen. Beim Absteigen liegt der Fokus vermehrt auf die Sicherheit und die Gewissheit, wieder festen Boden unter den Füssen zu spüren. Die Höhen-oder Tiefendifferenzen überwindet unser Bewegungsapparat wie selbstverständlich. Der Wille und die Konzentration auf die Bewegung der Beine bringen uns in die gewünschte andere Höhenlage. Immer dann, wenn wir es wollen, geht es mit uns weiter. Den Weg, den wir einschlagen, bestimmen wir ganz allein. So obliegt auch uns die ganze Verantwortung.

Jeder von uns eingeschlagene Weg ist unser persönlicher Ausdruck, wie es mit uns weitergehen soll. Immer haben wir die Wahl. Manchmal scheint die Wahl uns zu überfordern. Dann zum Beispiel, wenn es auf dem Weg durch die Zeit eine Gabelung gibt. Diese Gabelungen gehören zu unserem Menschsein. Es ist ein unschätzbares Geschenk, auswählen zu dürfen, welchen Weg wir uns zutrauen. Manchmal führt uns das Neue auf einen Weg, der uns durch anstrengende Zeiten führt. Dann verlassen uns zunehmend die Kräfte und unser Weg verliert sich. So können Wege des

Lebens sein. Wer an Gott glauben kann, der darf ihn auch als einen treuen Wegbegleiter mit auf die Wege des Lebens nehmen.

Als Pilger kann der Glaube an einen Gott, der immer in meiner Nähe ist und dem ich auf dem langen Pilgerweg immer vertrauen kann und Alles anvertrauen darf ein Segen sein. Die gute Stimmung und die Begeisterung können nach einigen Wegkilometern ein wenig abnehmen. Dieser kleine emotionale Einbruch ist durch ein starkes Vertrauen in Gottes Mitgehen ermutigend sein und gibt wieder Kraft zum Weiterwandern.

Egal ist die Form der geraden, gezogenen, gewendelten oder sonstiger Leitertypen. Ob im Bereich der Wohnwelt oder auf der Partitur eines Musikstückes oder als Sprungbrett im Bereich der persönlichen Karriere. Die Leiter schlechthin ist für Mensch und Tier zunächst eine Möglichkeit Höhenunterschiede in psychischere wie in physischer Hinsicht zu überwinden.

Die Leiter wie auch Treppen in ihren diversen Formen können uns Menschen und Tiere in eine von uns gewünschten anderen Höhen-Lage bringen.

Mein zentrales Anliegen hat mit der Verschmelzung von Anspruch und Lebenswirklichkeit zu tun.

Es ist in erster Linie das Zusammenspiel von Anspruch und Möglichkeit in dem Fokus unserer Lebenswirklichkeit und anhand von Beispielen zu beleuchten. Ich möchte die verschiedenen Leitern im Sitz des Lebens der Menschen verorten.

Dabei wird die theologische Betrachtung einen besonderen Platz einnehmen.

Wenn ich an meine Kinder- und Jugendzeit denke, kommen mir viele Bilder und Begebenheiten in Bezug auf Leitern und Treppen in den Sinn. Eine große Auswahl von unterschiedlichen Leitertypen fanden in unserer Maler-Werkstatt ihren Platz. In den 50er und 60er Jahren waren Leitern im ländlichen Raum Gegenstände des täglichen Lebens und des täglichen Gebrauchs. Die Leiter war immer schon überlebensrelevant. I

Im Bereich der Landwirtschaft sowie der häuslichen Fleischverköstigung und der Fleischverarbeitung gehörte die Leiter zum selbstverständlichen Hausinventar.

Mir sind die jährlichen Schweineschlachtungen in den kalten Jahreszeiten noch sehr präsent. Nachdem das Haus-Schwein getötet war, wurde es zum Ausbluten und Zerteilen an einer Leiter befestigt. Das Schweineschlachten war in den Wintermonaten im Dorf an vielen Stellen zu beobachten. Die Fleischschinken und die rohen Mettwürstchen wurden vorbereitet und mit Salz und anderen Gewürzen eingerieben und mit einer Leiter unter die Holzdecke in einem Flur aufgehängt. Nach dieser Prozitour habe ich mich als Kind nie gesehnt. Aber irgendwie gehörte das Schweineschlachten zweimal im Jahr, im Frühjahr und im Herbst, zur Hauswirtschaft dazu. Mein Vater hatte als Malermeister für seine Arbeit als Maler und Anstreicher diverse Leitern zur Auswahl vorrätig. Als Kind haben mich die verschiedenen Leitertypen sehr interessiert und neugierig gemacht. Als Jugendlicher musste ich gelegentlich mit auf die Baustelle, um meinem Vater so gut ich konnte behilflich zu sein. Ich Begriff schnell, dass die Leiter für viele Malerarbeiten unerlässlich und wichtig ist. Für viele Arbeiten in diesem und auch in anderen Handwerksbereiche ist sie nahezu unersetzlich geworden. Meinen Großvater habe ich des Öfteren mit einer Leiter an seinem Fahrrad befestigt durch die Lande fahren gesehen. Er war, wie mein Vater auch, ein Malermeister und als solcher oft mit einer Leiter am Rad befestigt, unterwegs zur Baustelle. In dem überwiegend ländlich strukturierten Emsland durfte eine Anstelleiter nicht fehlen.

Die Leiter jedweder Form befördert Menschen und Tiere aus einem sicheren Standort heraus zu einer neuen und anderen Position. Der Blick auf etwas Neues

Tieferes oder Höheres weitet sich mit zunehmender Spannung.

Man durchschreitet mit jeder Stufe nach oben oder nach unten auf der Leiter oder auf einer Treppe eine Scheinwelt. Die Leiter war vielleicht aus dem Wunsch geboren, über sich hinaus schauen zu können und um neugierig das neue Panorama in Augenschein nehmen zu dürfen. Es gibt wohl viele Gründe, warum die Leiter heute nicht mehr aus unserem Alltag weg zu denken ist. Sie ist mehr als nur ein Gegenstand, mehr als ein Hilfsmittel, welches uns im Alltag und in der Bewältigung besonderer Arbeitsabläufe, Hilfe und nützliches Werkzeug sein kann. Besonders ist sie viel mehr als eine Brücke zwischen den Ebenen zu sehen.

Die Leiter oder die Treppe verschafft uns einen neuen Überblick. Jede Stufe fordert seinen Tribut. Es verlangt Anstrengung und Disziplin. Jede Stufe nach oben oder abwärts macht einen neue Sicht frei.

Die Treppe hat sich mit der Zeit in unterschiedlichster Form und Gestaltung auch als ein schön anzuschauendes Wohnaccessoire entwickelt. Als Hoch- und Tiefbauer ist mir die Leiter immer wieder in unterschiedlichsten Situationen und Notwendigkeiten ein treuer und hilfreicher Begleiter gewesen.

Es war eigentlich gar nicht vorstellbar im Gebäudebau, im Strassen-oder Kanalbau Arbeiten ohne Leitern auf der Baustelle ausführen zu können.

In den 60er und 70er Jahren waren Drehkräne und Förderbänder ganz besonders im ländlichen Raum eine ausgesprochene Seltenheit.

 Meine Lehrjahre als Maurer im Emsland waren keine „Herrenjahre". Vom Keller bis zum Schornstein mussten Höhenunterschiede mit Leitern erstiegen werden.

Der Bau eines neuen Hauses in den 60er Jahren war bis zur Ferigstellung des Schornsteins in der Regel vollständig eingerüstet. Mörtel und Steine und sämtliche andere Materialien mussten durch Muskelkraft und Leitern an den Verarbeitungsplatz geschafft werden.

Die Leiter bekam danach ihre weitere Verwendung im Einsatz des Innenausbaues. Der Maler und Tapezierer sowie der Elektriker waren auf Leitern angewiesen, damit der Hausbau fertiggestellt werden konnte. Die Liste der Einsetzmöglichkeiten einer Leiter im Hoch- und Tiefbau ließe sich in vielen anderen Bereichen auch noch fortsetzen. In meiner aktiven

Zeit als ständiger Diakon wurde ich zunächst in der Gemeindearbeit und später auch als Diakon, in verschiedenen Haftanstalten als seelsorglicher Begleiter der Inhaftierten wie der Bediensteten beauftragt. Mir ist eine lange Zeit nicht bewußt aufgefallen, dass in den Anstalten keine Leiter zu sehen war. Es war mir der eigentliche Grund dafür auch lange nicht bewußt, weil ich nie eine Leiter in den Anstalten benutzen wollte, habe ich sie auch nicht vermisst. Erst viel später ist mir das Nicht-Wahrnehmen der fehlenden Leitern in den Anstalten aufgefallen. Mir ist in all den Jahren kein Ausbruch eines Gefangenen mittels einer Leiter bekannt geworden. Es gab einige Ausgänge, die dazu genutzt wurden, nicht rechtzeitig wieder in der Anstalt zu erscheinen.

Die Leiter ist aber sehrwohl bei anderen Ausbrüchen ein überlebenswichtiges Utensil. Ich denke besonders an alle Menschen und Tiere, die vor einer Gefahr gerettet werden müssen bei Überschwämmungen, Sturm und Feuer, wenn Gefahr für Mensch und Tier in Verzug ist. In der See- und Bergrettung ist die Bergung oft nur mit Spezialleitern möglich. Ich möchte besonders darauf hinweisen, um deutlich zu machen, dass die Leiter in ihren vielfältigen Formen und ihren manigfaltigen Einsetzungsmöglichkeiten vielen Menschen und auch Tiere in gefährlichen Situationen Leben retten konnte und dies weiterhin tut.

Die Jakobsleiter

Die Jakobsleiter hat so manchen Künstler und Schriftsteller bewogen, die biblische Geschichte in Schrift und in Farbe aufzuschreiben, zu kommentieren und im Bild zu verewigen. Der Jakobsweg ist der wohl bekannteste Pilgerweg der Welt. Seit über 1000 Jahren wandern Pilger zum Grab des Apostels Jakobus in der spanischen Stadt Santiago de Compostella.

Was ist es und warum treibt es so viele Menschen an, sich mit Begeisterung und intensiv mit der Person des Jakobs zu beschäftigen und ihn mitzunehmen auf dem langen Weg nach Santiago de Compostella : Warum und was kann der Grund für soviele bedenkenswerte in diesem Zusammenhang gestellte Fragen sein, die sich um die Person des Jakob und der Jakobsleiter stellen? Neben der Jakobsleiter sind wohl auch die vielen Jakobswege es wert, sie in ihren unterschiedlichsten Darstellungen zu würdigen. Viele Menschen aus der ganzen Welt sind schon den Jakobsweg in Spanien nach Santiago de Compostela gegangen. Der spanische Jakobsweg ist wohl der Klassiker unter den vielen anderen Jakobswegen.

Der Weg dauert etwa 8 Tage mit 7 Übernachtungen.

Die Temperaturen sind angenehm und die Menschen, die diesen Weg begleiten, sind freundlich. Ich denke, es gehen viele Gedanken, Wünsche und vielleicht auch Erwartungen mit auf den Weg. Jeder einzelne Pilger trägt etwas ganz persönliches mit sich. Es wird so schön und einmalig wie besonders sein, dass es eigendlich niemand zu interessieren hat, warum und wieso man sich auf so einen anspruchsvollen Weg machen möchte.

Ich finde es angemessen und schön, einen ganz perönlichen Schatz mit auf die Reise zu nehmen. Man geht den Weg nicht alleine. Die Jakobsgeschichte ist auf dem ganzen Weg present und spührbar. Die meisten Pilger haben sich mental und physisch lange auf den Beginn des Pilgerns vorbereitet. Jeder Pilger bereitet sich ganz individuel auf diese außergewöhnliche Reise vor. Der Pilgerweg muss gut vorbereitet sein. Über hunderte von Kilometern zu Pilgern ist kein Sparziergang. Viele, vorallen die Neupilger, machen sich schon Monate vielleicht schon Jahre kundig. Es soll schließlich ein ganz persönliches Erlebnis werden. Die Auswahl an Büchern und Karten in diversen Sprachen sind riesig. Hier wird die Wahl oft zur Quwal. Gewandert und gepilgert wird auf der ganzen Welt. Kein anderer Pilgerweg, wie der zum Grab des hl. Jakobus in Santiago de Compustella ist so bekannt und so beliebt wie dieser Pilgerweg in Spanien. Die Gründe für so ein aussergewöhnliches Unternehmen sind so vielfälltig wie die vielen Menschen , die den Weg gehen. Nicht selten haben sich Pilger öfter auf den Weg gemacht und sind jedes Mal begeistert von der Gemeinschaft, die den eigenen Glauben stärkt und Freundschaften schließen läßt.

Richtig ist auch, dass so ein Unternehmen seinen Preis hat. Nur in Währung Dollar oder Euro ist dieses Unternehmen nicht zu bezahlen. Ich bin mir ziemlich sicher, dass der Pilgerweg mit kein Geld der Welt bezahlt werden kann. Den Schatz, den jeder einzelne auf dem Pilgerweg spührt, kann keiner mit Geld aufwiegen. Wer kann die Emotionen, die schönen Aussichten, die vielen neuen Freundschaften und die vielen beglückenden Momente mit Geld bezahlen? Soviel Geld gibt es nicht! Auch kann es keine Quittung geben. Das, was jeder auf seinem ganz persönlichen Weg in welcher Weise auch immer erlebt hat und womit man beschenkt worden ist, kann jeder Teilnehmer im Herzen mit nach Hause tragen. Daheim wieder zurückgekehrt denken viele Pilger schon wieder an den nächsten möglichen Pilgerweg. Eine schöne und intensive Pilgerreise läßt das Bewußtsein nicht so einfach geschehen und vergessen. Noch eine lange Zeit dürfen die Pilger im Gedenken an dieses Erlebnis zuhause davon träumen von ein neues Pilgerabendteuer. Niegendwo wird das Pilgern zum Grab des heiligen Jakobus so intensiv und mit so viel Freude begangen wie in Santiago de Compustella in Spanien. Natürlich möchte ich keinen der vielen anderen Jakobswege auf der ganzen Welt meine Wertschätzung absprechen.

Jakobsweg Camino Francés

Es gibt viele andere Jakobswege auch in Deutschland. Den originalen Jakobsweg kann Niemand im Handumdrehen bewandern. Es ist schon eine große Portion an körperlicher Fitness und Willenskraft erforderlich. Die eigendliche Herausforderung aber für das Unternehmen „Jakobsweg" ist der Wille und den unbedingten Wunsch gepaart mit der Hoffnung, viele neue Menschen kennen zu lernen und auf ganz viele Fragen vielleicht Antworten zu bekommen. Die Zeit bis Santiago de Compostelle wird für jeden Pilger von einem Auf und Ab der Gefühle und der persönlichen

Konstitution begleitet sein. Jeder Pilger ob Mann oder Frau wird die eigene Lebensleiter tragen müssen. Die Hitze und die bergische Wegstrecke müssen durchpilgert werden. Ein Auflehnen gegen Hügel und Täler bringt dem Pilger keinen Vorteil.

Die Abwechselung der landschaftlichen Gegebenheiten und die angenehmen und lieben Menschen am Pilgerweg schenken den PilgerInnen einen unvergleichbaren Perspektivwechsel. Das ist wohl das Kraftmoment, welches jeder Pilger gebrauchen kann und gerne annimmt.

Man kann sich den Weg auch als eine andere Art von Leiter vorstellen. Der Weg nach Santiago de Compostella ist anspruchsvoll und kräftezehrend. Man kann ihn in Spanien oder in Portugal in unterschiedlicher Länge beginnen. Er ist als -leicht bis mittel bzw schwer bezeichnet und hat eine Länge von 240-1000km. Es ist eine lange Weg-Leiter, die mit vielen unvorhersehbaren Überraschungen gepflastert ist. Nach einiger Zeit wird jeder Schritt beschwerlicher und die Hitze fordert gnadenlos den Mut zum Weitergehen. Die Leiter fordert den ganzen Menschen. Kein Weg führt nach vorne, nach unten, nach oben, wenn man es nicht möchte. In diesem Sinne muss auch niemand den Jakobsweg gehen.

Ich empfinde einen großen Respekt vor Jede und Jeden, der/die sich für so eine Tour entschlossen hat. Trotz der Anstrengung in Bezug auf Ausdauer, Müdigkeit und der vielen körperlichen und psychischen Beanspruchungen sind so viele Menschen auf dem Pilgerweg nach Santiago de Compostella unterwegs.

Die Frage nach der Fazination des „Jakob" muss meiner Ansicht nach immer wieder gestellt werden. Es muss die Frage schon deswegen immer wieder gestellt werden, weil jedes Jahr, jeden Tag und jede Stunde sich so viele Menschen unterschiedlichster Nationen auf den langen Weg machen nach Santiago de Compostella. Es kann einem ja geradezu hinreißen zu der Frage:"Gibt es dort etwas, was es sonstwo nicht gibt? Eine Antwort darauf könnte lauten: Vermutlich ist es der Wunsch, etwas zu hören, was mir für mein Anliegen eine Hilfe ist oder eine Bestätigungung gibt. Die Anzahl der Motivationen u. die Fragen, die jede und jeder mit nach Santiago de Compostella bringt, ist so bunt und vielschichtig, dass es wohl ein Geheimnis bleiben muss.

Die Geschichte des Jakobus berührt uns Menschen vielleicht deswegen so, weil uns persönlich oder im familiären Umfeld, das ein oder andere Verhaltensmuster des Jakob vertraut ist. Die Person des Jakob hat tausende und noch mehr Menschen auf der Welt fasziniert. Viele Menschen sind auf der Suche nach Antworten. An Fragen haben die Menschen immer schon Interesse gezeigt. Fragen sind motivierend und spannend. Bei den Antworten verhält es sich etwas anders. Sie können gefallen aber auch enttäuschen. Der Jakobus scheint mir beides, Fragender und Antwortender zu sein. Durch sein Handeln wird er zuerst ein Antwortender. Er hat gehandelt, ohne über sein Tun nachzudenken. Ein Fragender wird er als er am Boden liegend mit dem Kopf auf der ersten Leiterstufe und über sein Tun nachdenken muss.

Jakob hätte zu allerest sich die Frage stellen müssen: Ist es richtig, meinem Bruder zu hintergehen und meinem Vater ein falsches Zeugnis zu geben?

Vielleicht wäre sein Tun dann anders verlaufen und die guten Geister, die Engel wären bei ihm geblieben. Jakob hat sich für den schlechteren Weg entschieden. Seine ganz persönliche Entscheidung und sein Tun hat sein weiteres LEBEN bestimmt.

Der freie Wille und die Entscheidung darüber, warum wir unser Tun so oder anders gestalten sind wichtige Indikatoren für unser christliches

Handeln . Dabei stehen uns unsere Wünsche oftmals im Wege. Unser Tun sollten wir bestenfalls in Einklang mit unseren christlichen Werten treffen. Die Freiheit eines Christenmenschen entbindet niemandem von der Pflicht zur Nächstenliebe. Die Freiheit setzt uns klare Grenzen. Diese Grenzen hat Jakob nicht wahrgenommen. Jakob war eher ein Getriebener. Aber von wem wurde er getrieben ? Ein möglicher Grund könnte sein Bruder Esau sein. Von Esau ist nicht sehr viel überliefert. Was aber überliefert wird ist, dass er ein Zwillingsbruder Jakobs war, Als ein Zwilling sieht man vieles durch die Zwillingsbrille. Natürlich muss dann auch alles geteilt werden. Es ist vorstellbar, dass Jakob vieles und auch den Erstgeboerenensegen durch die Zwillingsbrille gesehen hat Allein diese Vorstellung birgt enormes Streitpotential. Ohne das Geschehene gut heißen zu wollen, kann ich Jakobs Versuch, sich den Erstlingssegen zu erschleichen nicht akzeptieren. Aus eigenem Erleben als ein Zwilling könnte ich von vielen Streit- und Neidgeschichten berichten. Meistens ging es aber wirklich um Neid und Eifersucht.

So möchte ich keine Zwillingsdebatte heraufbeschwören. Ich habe versucht mich als Zwilling in die Rolle Jakobs zu versetzen. Ohne jegliches Verständnis für Jakobs hinterlistigem Tun versuche ich ein wenig zu verstehen als Zwilling,warum Jakob sich auf so eine List einlassen konnte. Jenseits aller Versuche, Jakob etwas unterstellen zu wollen, ist und bleibt er der Vater und Teil einer großartigen Bewegung.

Von mir kann ich als Zwilling sagen, dass mir vieles erspart blieb, weil ich ein Zwilling war. Bestrafungen fielen meistens etwas milder aus, weil der wirkliche Übeltäter   nicht treffsicher identifiziert werden konnte. So gesehen, hatte das Zwillingsleben auch viele Annehmlichkeiten. Der Neidfaktor lag bei uns und ich nehme diesen auch bei anderen Zwillingen wahr auch auf anderen Ebenenen wie z.B. bei der Eifersucht und der Bevorzugung. Mir waren diese anderen Ebenen wichtig, um einen wagen

Zusammenhang herzustellen. An einigen Stellen in diesem Büchlein habe ich den Neidfaktor bei Zwillingen wie in unserem Fall (Anton und mir) sehr konkret beschrieben.

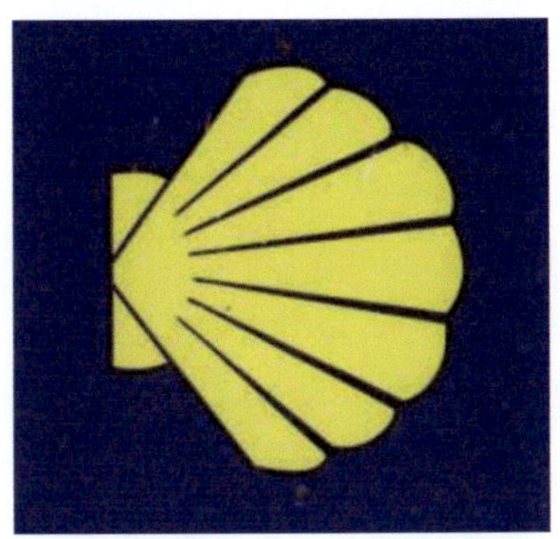

Einige andere Jakobswege möchte ich nicht unterschlagen. Ganz besonders die <u>Jakobswege in der Lüneburger Heide.</u>

Es gibt in fast allen Ländern Möglichkeiten, Jakobswege zu bewandern. Die Lüneburger Heide ist topografisch gesehen eher eine flache, gut bewaldete mit einer großen Heidefläche bedeckte Landschaft. Der Pilgerweg führt von Hamburg über Soltau nach Celle. Einige Zeitgenossen bezeichnen den Jakobsweg durch die Lüneburger Heide als den schönsten von allen Jakobswegen.Der Jakobsweg Lüneburger Heide ist ca 382 Km lang. Die Ausgangskirche in Hamburg ist die Pilgerkirche St. Jacobi in Hamburg. In Soltau teilt sich der Jakobusweg „Lüneburger Heide" in zwei Wegverläufe. Ein Weg führt vorbei am Kloster Walsrode.

Der zweite Weg führt zum berühmten Missionsort Hermansburg.

Der zweite Weg führt weiter von Hermannsburg nach Eschede und dann zum noch bewohnten Zisterzienserinnenkloster Wienhausen und durch das Allertal zum Kloster Mariensee.

Die Lüneburger Heide war mir eine lange Zeit kein Sehnsuchtsort. Dieses lag wohl daran, weil mir zu wenig von der Lüneburger Heide bekannt war.

Wer im Emsland geboren und aufgewachsen ist, der kennt die Nordsee, die Inseln und das typisch emsländische Essen. Die Menschen sind bodenständig und liebenswert. Sie pflegen ihre Traditionen und sind ausgesprochen gastfreundlich. Die Neugierde gepaart mit der Gastfreundschaft war immer schon ein trefflicher Grund, ins Gespräch zu kommen bei einer Tasse Tee oder Kaffee.

Ich verbinde mit dem Hümling mehr als eine schöne Landschaft. Sie ist mir bis heute nicht nur Geburtort sondern hat meine Jugend geprägt.. Landschaftlich gibt es sehr viele Gemeinsamkeiten mit der Lüneburger Heide. Dies ist auch heute noch in vielen Bereichen so.

Der sandige und karge Boden, mußte für die Ernte bzw für das Wachstum mit sehr viel mehr Aufwand bestellt werden als sonst in der Landwirdschaft üblich.

Vielleicht habe ich auch nur einen adequaten Grund gesucht, damit ich mein berufliches Leben nach Bispingen in die Lüneburger Heide weiter führen konnte. Im Nachhinein finde ich die Entscheidung, in die Lüneburger Heide zu ziehen richtig. Getreu dem Motto: der Weg ist das Ziel. Nirgendwo anders habe ich mich so wohl gefühlt wie in Bispingen. Der Gedanke, einmal auf den Jakobsweg zu wandern, ist mir leider nie in den Sinn gekommen. Vermutlich hat mir auch der Mut gefehlt. So ein Unternehmen starten zu wollen bedeutet zum einen, dass man den Endschluß , den Jakobsweg gehen zu wollen, für sich in jeder Beziehung durchdacht hat. Der zweite wichtige Aspekt ist eine Sache, die nicht zu unterschätzen ist. Ich wollte mich nicht unter einem Druck jedweder Art setzen. Die Grenzen meiner körperlichen Belastbarkeit waren erreicht und das Maß meiner psychischen Belastbarkeit ließ ein derartiges Maß nicht zu.

Ich bewundere jeden, der sich auf den Weg macht, um seinen inneren Kompass wieder neu zu justieren. Menschen, die spontan und mit viel Freude neue Wege gehen – darüber kann ich mich sehr freuen besonders, wenn Menschen sich zutrauen, einen so anstrengenden Weg hinter sich zu bringen. Viele Pilger berichten über so viele positive Eindrücke und Gefühle. Die sich ständig wechselnden physischen wie psychischen Befindlichkeiten. Neben all den Gedanken und der Abwägung geht man oder läßt man es doch lieber, sollte man die Leiter, die jeder Piger mit sich führt, auf keinen Fall überstrapazieren. Nur der Wille und der Glaube auf jeder Stufe sicher zu stehen, kann den Pilgern das nötige Zutrauen und die Kraft geben, mit Gottes Hilfe, die erforderlichen Anstrengungen gut zu meistern.

 Am Ende des Pilgerweges mit so vielen Höhen und Tiefen, sind die Pilger auf der letzten Stufe der Leiter angekommen.Der Jakobsweg nimmt jeden mit, emutional und kräftemäßig. Am Ende eines so lagen und mit vielen Emotionen beladenen Unternemens muss gefeiert gepriesen und gelobt werden. Bei der Ankunft der Pilger wird gefeiert und gesungen und natürlich auch gedankt für alle Unterstützung in jeglicher Form.

Es ist geschafft

Die Pilgerinnen und die Pilger sind geschafft und müde von der langen Reise. Kein Aussenstehender und niemand sonst, der diesen langen, schönen und anspruchsvollen Weg bis nach Santiago de Compustella durchwandert hat, ist in der Lage die Emotionen und das erlösende Gefühl, es geschafft zu haben, zu ermessen. Nur in den Gesichtern der Pilger zeigt sich ein Bild voller Freude und Zufriedenheit. Einige Pilger haben sicher unterwegs und zwischendurch immer mal wieder überlegt, das Unternehmen abzubrechen. Die Entscheidung, den Pilgerweg nicht mehr weiter zu gehen, kann vielerlei Gründe haben. Am Ende bleibt es eine ganz persönliche und zu respektierende Entscheidung. Niemand hat das Recht, diesen Entschluß in Frage zu stellen. Da ich noch nie einen Jakobsweg gegangen bin aber sehr wohl ernsthaft daran gedacht und geglaubt habe, ihn zu gehen,dann muss ich mir die Frage beantworten: Darf ich meine Gesundheit so auf die Probe stellen? jede und jeder, die gerne pilgern möchten und sich vorgestellt haben, wie es wohl wäre, einmal am Grab des Jakobus stehen zu können, Wer den Wunsch in sich spührt und die Möglichkeiten gut ausloten kann, dem steht eigentlich nichts im Wege für das Unternehmen „Jakobsweg".

Jakob mit der Leiter

Das Bild, die Zeichnung zeigt einen Menschen, der alles verloren hat.
Nicht einmal etwas, welches seinen Körper bedecken könnte. Sein Leib
und sein Kopf stützen sich am Ende einer Leiter auf der letzten Stufe ab.
Nach unten geht es für Jakob nicht mehr weiter. Diese Zeichnung fängt
Jakobs Situation künstlerisch gut ein. Nicht eimal sein Gesicht konnte
Jakob zeigen. Er hatte sich selbst im warsten Sinne des Wortes nackt
gemacht. Sein Outfit wurde eine nackte Haut. Vielleicht war dies der
Moment, in dem er begriff,dass es nur noch einen Weg für ihn gab. Er
mußte einen Weg finden,der wieder nach oben führt. Er hatte begriffen,
warum es jetzt so um ihn bestellt war. Von allen guten Geistern verlassen.
Es scheint so als würde er seine Situation richtig einschätzen. Zu verlieren
hatte er jetzt nichts mehr..Jetzt konnte der Weg für ihn nur auf der Leiter
nach oben gehen. Wie Jakob sich sein neues Leben unter den
veränderten Vorzeichen vorgestellt hat, das läßt die Bibel zum Teil im
Dunkeln.

Aber bevor ich sein Leben an sich und die Bedeutung des „Jakobs" für das Leben im Allgemeinen und für uns bedenke, ist eine nähere Betrachtung des biblischen Textes unverzichtbar.

Die Frage nach der Person „Jakob" muss beantwortet sein, bevor wir mit Ihm auf die Reise gehen und auf sein Leben schauen.

Wer war Jakob?

Wo hat er gelebt?

Wie war seine familiäre Situation?

Welche Rolle spielt Gott in seinem Leben?

Die Bibel erzählt uns sehr ausführlich, wie und wo Jakob seine Kindheit verbracht hat und wie er zusammen mit seinem Zwillingsbruder Esau aufgewachsen ist.

Diese Fragen und eine Deutung bezogen auf die Jakobsleiter kann nur ein Versuch sein, die Jakobsgeschichte im eigenen Leben einen Sitz zu verschaffen. Eine Verbindung war bei mir und in meiner Familienkonstellation schnell gefunden.

Manchmal fügt sich zusammen, was sich nicht von der Hand zu weisen läßt. Bevor sich bei mir die Idee breit machte mir einige Gedanken zur Jakobsgeschichte zu machen und diese aufzuschreiben war mir ein nicht zu vergessener Umstand gar nicht in den Sinn gekommen.

Beim Lesen und überlegen der Jakobsgeschichte musste ich mir eingestehen, dass die Geschichte auch ein bisschen mit meiner Lebensgeschichte gemein hat. Jakob hatte einen Zwllingsbruder, der Esau hieß. Mein Zwillingsbruder auf dem Bild ist Anton der Akkordeonspieler.

Ich musste das Foto komplementieren und als Statist die Geige halten. Das Zusammenleben von zwei gleichaltrigen Kindern gestaltet sich nicht immer harmonisch und wird auch nicht immer als so toll empfunden.

Mir hat es z.B. gar nicht gefallen, dass wir als Kinder schon durch unser äußerlich gleiches Outfit von Weitem als Zwillinge zu erkennen waren. Auf der anderen Seite konnten wir für begangene Streiche und verbotenes Tun uns die Strafe dafür teilen.

Nach dem Motto: geteiltes Leid ist halbes Leid. An dieser Stelle muss ich an einen Umstand denken, dem mir mein Bruder sicher beipflichten wird. Es geht um ein Prozedere, welches sich in den Wintermonaten des

Öfteren unvermeidlich erreignete. Wir hatten ein Schlafzimmer im Dachgeschoss , in dem 2 Betten standen.

Die Winter waren so kalt, dass sich Eisblumen an den Fensterscheiben bildeten. Eine Zentrahlheizung gab es nicht.

Auch einen Ofen fand man in keinem Schlafzimmer. Unser einziger Auszubildender, war der Malerlehrling, der ein eigenes Bett zum Schlafen in dem Zimmer hatte. Mein Bruder und ich mussten uns das übriege Bett teilen. Der einzige Vorteil bei dieser Aufteilung war,dass uns nach kürzester Zeit warm wurde. In solchen Situationen spielte der Neidfaktor bei uns Zwillingen natürlich keine Rolle. Ich möchte auch an dieser Stelle betonen, dass es bei den Eltern nur sehr wenige Situationen gab, in denen sie deutliche Bevorzugungen bei uns Zwillingen zugelassen haben. Meistens war es die Oma, die in unserem Haus wohnte,die ihre schützenden Hände über uns gehalten hat. Es gab in jeder Hinsicht für keinen von uns einen irgendwie gearteten Zwillingsbonus. Heute denke ich des Öfteren darüber nach, wie es wohl den Eltern ergangen wäre, hätten sie eine Ahnung gehabt von den Streichen und den vielen Missgeschicken, die wir Zwillinge gemeinsam zu verantworten hatten, gewußt? Das Leben hat so viele Geheimnisse,daß es müßig ist, sie zu zählen. In der Person des Jakobus wird das einzelne Menschenleben angefragt. Es machen sich Fragen breit.Wie beurteile ich Jakobs Verhalten seinen Eltern gegenüber? Gibt es etwas änliches in meinem Familienleben? Kann ich Dankbarkeit fühlen und auch zeigen? An Jakobs Verhalten und sein Unterlassen können wir unser ganzes Leben ausrichten aber auch zugrunde richten.

Die Internatszeit im Maristenkloster in Meppen hat uns noch einmal ganz anders gefordert.Es gab nur Schlafsäle.

Mit 50 bis 60 Kindern waren Ruhe und Ordnung im Schlafsaal oberstes Gebot. Das gemeinsame Lernen, Essen und Beten hat uns in einer ganz anderen Umgebung und mit vielen unbekanten neuen Mitschülern eine neue und ganz andere Wirklichkeit beschert. Unser Leben hat sich für meinen Bruder und für mich im gewissen Sinne auf den Kopf gestellt.

Jeder neue Tag wurde als ein Abendteuer empfunden. Der routinierte Alltag musste sich langsam einstellen.

Für meinem Bruder Anton waren die musikalischen Angebote vermutlich wohl verantwortlich dafür, dass er nach der Internatszeit sich für ein Musikstudium entschiet und bis zur Pensionierung als Lehrer für Musik und Werken seinen Beruf ausüben konnte. Meine berufliche Reise nach der Internatszeit führte mich zum Bauhandwerk. In der Ausbildungszeit habe ich meinen Bruder meistens am Montagmorgen mit einer größer werdenden Eifersucht wahrgenommen. Anton war schick gekleidet und ich durfte ihn in meiner Maurerkluft mit meinem FIAT500 zum Bahnhof nach Papenburg fahren.Seine Reise ging jeden Montagmorgen in die Großstadt OSNABRÜCK.

Mein Weg führte mich weiter zur Baustelle. Die Ausbildung zum Maurer hatte ich mir ausgesucht. Niemand hatte mich dazu gezwungen. Eigendlich gab es keinen Grund eifersüchtig zu sein. Und trotzdem war es jeden Montagmorgen das gleiche unwohle Gefühl.

 Am meisten habe ich bei Anton sein musikalisches Talent bewundert und manchmal war ich auch traurig und eifersüchtig darüber, dass mir die musikalische Begleitung für Wanderlieder und Lagerfeuermusik nur im überschaubaren Maße und mit mässigem Erfolg gelang.

Schon sehr früh stand dagegen mein Bruder Anton als Musikus auf den Brettern einer Bühne im dörflichen Gasthaussaal.

Ich muss gestehen, dass ich auch etwas neidisch war.

Vermutlich hätten mir der Mut und die musikalischen Fertigkeiten für derartige Auftritte gefehlt.

Jedes Jahr fand in der Dorfgastwirtschaft vor dem Theaterstück eine musikalische Darbietung statt. Diese waren immer Sternstunden für meinen Bruder Anton.

Ich muss gestehen, dass mir erstens das musikalische Talent fehlte und dass ich froh war, nicht für den ganzen Saal mein mäßiges, musikalisches Können zum Besten geben zu müssen.

Im Hindergrund ist der Schuldirektor, Herr Krain, zu sehen. Es gab auch noch andere Schulfächer, die mich neidisch auf meinen Zwillingsbruder blicken ließen.

Neben der hochdeutschen Sprache mussten im Internat auch noch Latein, Griechisch und Englisch erlernt werden.

Anton hatte im Lernen der verschiedenen Sprachen im Gegensatz zu mir weniger Probleme. Die Eifersucht spielte in unserem Zwillingsleben häufiger eine Rolle für mich.

Zum Thema Eifersucht möchte ich auf keinen Fall vergessen zu erwähnen, dass ich in Bezug auf mein sportliches Engagement in jeder Disziplin nur ein Minimum abrufen konnte. Die Ankündigung der Bundesjugendspiele konnten mich nie in innerlicher Vorfreude versetzen.

Zurück zum Esau, dem Zwillingsbruder von Jakob. Esau war der Ältere. Als Erstgeborener müsste er sich eigentlich keine Sorgen machen wegen des Erstgeborenen-Segens seines Vaters. Er hat die folgenschweren Gedankenwege des Jakob nicht erahnen können.

Es gibt nicht nur bei Zwillingen Übereinstimmungen.

Ja, die gibt es. Aber genau so wie es viel Gegensätzliches in jeder Beziehung gibt, sind es bei Zwillingen in jeder Hinsicht auch nichts Außergewöhnliches. Mir ist die Frage nach dem Erstgeborenensegen oder des Rechts bei der Firmennachfolge nie in mein Zwillingsleben in den Sinn gekommen und war nie ein Thema. Als Erstgeborener konnte Esau den Erstgeburtssegen rechtmäßig beanspruchen.

Jakob verbündet sich mit seiner Mutter Rebekka, die eine List im Schilde führte. So verhindert Jakob, dass sein Bruder Esau den Segen des Vaters erhalten konnte. Jakob hatte seinen Bruder Esau betrogen und sich als den Erstgeborenen vorgestellt, um mit der Hilfe Rebekkas den erblindeten Vater zu hintergehen. Jakobs Plan und Durchführung hat mit den Mitteln der Verlogenheit und der geplanten Hinterlist eine endscheidene Grenze überschritten.

Es war mehr als nur ein schlechter Scherz. Jakob hat seinen Vater belogen und bloßgestellt. Er hat die Blindheit seines Vaters ausgenutzt, um sich einen Vorteil zu verschaffen. Jakobs Vorgehen mit der Ahnungslosigkeit und Hilflosigkeit seines Vaters mussten Strafen nach sich ziehen.

Der biblische Text zeichnet uns eindrucksvoll ein Bild mit einer Geschichte, die uns an vielen Stellen einen Spiegel vorhält.

Die Jakobsgeschichte ist in Vielem auch unsere Geschichte. Das Gefühl Anerkennung und Wertschätzung zu erfahren wünschen sich die Menschen damals wie heute auf der ganzen Welt.

Die Fülle der Charakteristikas ist wie ein bunter Blumenstrauß. Es gibt keinen Menschen zweimal.

Diese Einmaligkeit läßt uns so unschätzbar kostbar sein. Jeder Mensch, der für einen anderen Menschen eine Blume sein möchte, muss versuchen den Nächsten in seiner Situation zu verstehen. Eigenschaften, die uns Jakob durch sein Verhalten zeigt, hat ihn nicht nur gegen seinen Vater, sondern auch gegen seinen Bruder Esau, gestellt.

Im weiteren Verlauf der biblischen Geschichte sieht Jakob sein großes Fehlverhalten ein. Ihm wurde bewußt, dass er nicht auf dem richtigen Weg war.

Die Last, die er sich aufgeladen hatte, wurde immer schwerer. So schwer, dass er sich einen Stein unter seinem Kopf legt und am Fussende der Leiter einschlief. Im Traum sah er eine Leiter, auf der viele Engel herunter und wieder die Leiter hoch gingen. Nachdem er wach geworden war, nahm er den Stein, den er unter seinem Kopf hatte, und rieb ihn mit Öl ein. Er wollte an dieser Stelle eine Kirche bauen lassen. Dann zog Jakob weiter.

Jakob wurde ein Getriebener. Ihm war sehr wohl bewußt, dass er sich besser von seiner Familie fernhalten sollte.

Sein Verhalten verrät uns doch auch sehr viel von ganz bestimmten Verhaltensmustern. Jakob lässt sich auf ein nicht zu rechtfertigendes Verhalten ein, welches uns im täglichen Leben sehr wohl bekannt ist.

Jemand erledigt etwas für gutes und viel Geld für einen „Gefallen". Wollte Rebekka ihrem Sohn nur einen Gefallen tun? Wie viele Versprechen werden nicht eingehalten? Die Geschichte des Jakob ist eine Mafiageschichte. Fehler machen wir unser ganzes Leben lang. Doch nur,wenn wir daraus nichts lernen, bleiben wir dumm und ohne Aussicht auf ein gutes selbstgestaltetes Leben.

Die Jakobsleiter macht uns darauf aufmerksam, dass es im Leben ein auf-und-ab gibt. Die Engel, die Jakob die Leiter auf und ab gehen sieht, können uns daran erinnern, dass Gott uns in jeder Situation entgegenkommt und sich für uns interessiert. Wir dürfen in jeder mißlichen Lage auf Gottes Unterstützung hoffen. Kein Berg ist zu hoch und kein Tal zu tief.

Wer an einen Gott glauben kann, der uns immer ganz nahe ist, wenn es uns gerade nicht gut geht und wir Hilfe benötigen, der darf seine ganze Hoffnung und seine Bitten ihm anvertrauen. Wir dürfen darauf vertrauen, dass er einen anderen Weg findet, der hilfreich für uns werden wird. Unser Glaube kann kein Glaube sein, wenn wir Gott nicht alles zutrauen. So wie Gott Jakobs Verhalten auf seine Weise wahrnimmt und sich dem Jakob im Traum Engel als Zeichen der aufmersamen Liebe schickt, so schenkt er auch jeden von uns immer eine neue Chance, alles wieder ins Lot zu bringen.

Nachdem Jakob seine Last nicht mehr tragen konnte und nur noch sein Haupt auf die erste Leiterstufe, und sich selbst liegend zum Schlafen legen konnte, kamen die Boten Gottes.

Jakob konnte wieder aufrecht stehen und hatte eine Idee. Das Leben konnte für ihn wieder weitergehen.

Die Motivation der vielen Pilger auf den Jakobswegen ist so vielfältig wie unser Leben es ist. Auch sie tragen Hoffnungen mit sich. Jeder der Pilger, so sind meine Gedanken, haben sich lange und intensiv auf den Jakobsweg vorbereitet. Im Gepäck pilgert unerkannt so manche Problematik mit und auch viele Wünsche werden nicht vergessen. Schon der Entschluß, den langen weg zu gehen, hat Mut und Respeckt verdient.

Ich habe immer sehr viel Respeckt gehabt vor den Mut der Pilger, sich auf so ein Abenteuer einzulassen. Die Jakobsleiter hat ihren Sitz, wie ich finde, vor allen Dingen, im Leben der Menschen. Kein Leben ist ohne Mühsal und Freude vorstellbar. Zweifellos sind Lust und Last im Leben unterschiedlich gewichtet. Als Kind wird man als Baby getragen von den Eltern. Danach fängt schon das Orientieren und das Erkunden der vielen neuen Möglichkeiten an.

Im Krabbeln und im Laufen merkt das Kind schnell, dass es Unterschiede gibt in der Bewältigung, Höhen zu erklettern. Die letzte Rettung scheint nur im Erklettern eines Hockers zu liegen.

Der Wunsch, über sich hinaus schauen zu können, ist tief in unser Bewußtsein begründet. Die Leiter ist in diesem Sinne schon tief in unser Menschsein abgelegt bezieungsweise in unser Denken und Handeln present.

Sie ist von Anfang unseres Lebens an ein wichtiges Hilfsmittel zur Freude und Rettung in gefahrvollen Situationen aber auch in Situationen, die Freude bereiten.

Zur Freude aller Menschen, die der Musik in jedweder Form und Intention besonders zugetan sind, ist eine andere Leiter unverzichtbar. Es ist die

Tonleiter

Ein Lied benötigt für den Menschen, der ein bestimmtes Lied zu Gehör bringen möchte, eine Tonleiter mit den entsprechenden Noten auf der Tonleiter.

Es erfordert viel Übung, Ausdauer, Motivation und Leidenschaft für das Musik-Spiel im Allgemeinen. Für das Leben ist die Ton-Leiter kein unbedingt notwendiges Hilfsmittel, aber was wäre das Leben ohne Musik?

In sofern möchte ich auch diese Leiter für das gelingende Leben nicht unterschlagen. Die Musik-Tonleiter hat für unser Zusammenleben ein enormes Motivationspotenzial. Allzuoft wird das musikalische Element und die Kraft des gemeinsamen Singens und das Spielen auf und mit einem Instrument unterschätzt. Die Musik ist ein Türöffner für die Seele und für das Herz.

Die Menschen versammeln sich und freuen sich mit Gleichgesinnten, die Tonleiter für ein Lied in der Harmonie und mit dem entsprechenden Rhythmus hoch und runterzuspielen bzw. zu singen.

So viel zur Tonleiter. Ich bin mir ganz sicher, dass an dieser Stelle mein Zwillingsbruder Anton musikalisch-didaktisch noch eine Menge mehr zu dem Thema hätte beitragen können.

Wie schon an anderer Stelle erwähnt, bewegen sich meine musikalischen Fähigkeiten in Theorie und Praxis in einem überschaubaren Grenzbereich. Das gute Musik, gesungen oder auf ein Musikinstrument gespielt Herz und Seele berührt ist kein Geheimnis. Ich erinnere mich noch gut daran, wenn mein Vater seine Geige aus dem Geigenkoffer hob und den Geigenbogen mit einem Wachsstück bestrich. Dieses war wohl nötig um die Haare des Geigenbogens geschmeidig und besser benutzbar zu machen. Nachdem mein Bruder Anton bei dieser Prozedur das Wohnzimmer verließ, konnte ich nach einigen Minuten die anschließenden Geigenübungen ebenfals nicht länger über mich ergehen lassen.. Obwohl mein Vater sein bestes musikalisches Können aufwies, konnten wir diese Geigenübungen schwerlich ertragen. Dagegen war das Klarinettenspiel unseres Vaters passabel. Im Verlauf des Jahres gab es für meinen Vater Termine, die er für unverzichtbar hielt. Es waren die Übungsabende bei einem Mitspieler. Für meinen Vater und für die anderen Mitspieler waren diese Übungsabende mehr als nur musikalische Fitnessübungen. Es waren Zusammenkünfte der Entspannung von der Arbeit. Das Musizieren konnte allen Akteuren etwas von der Last des Alltags nehmen. Das Musizieren war für alle Entspannung und Freude. Natürlich kam der gesellige Teil des Übungsabends nicht zu kurz. Das Konzentrieren auf den Notenverlauf erst bringt ein Lied zur Freude und kann das Seelenleben berühren.

Die Karriereleiter

Die Karriereleiter erklimmt man nicht mit den Händen in den Hosentaschen.

In diesem Satz steckt eine Menge Wahrheit. Es deutet an, dass man sich diese Leiter nicht so nebenbei zulegen kann. Sie muss erarbeitet werden. Sie ist sehr beliebt und dabei auch nicht in jedem Fall kurzerhand zu haben. Fest steht auch: Ohne Leistung ist sie nicht verfügbar. Der Weg zum Erhalt und dem Besitz kann sehr steinig und schmutzig sein in ganz bestimmten Konstellationen. Zur Wahrheit gehört auch, dass es bestimmte aber nicht immer gute Umstände möglich machen, sich diese Karriereleiter zu sichern.

Wie alle Leitern muss auch diese Leiter zunächst durch Fleiß und Begabung erarbeitet werden. Das Sprichwort: Von Nichts kommt Nichts, hat einen klaren Duktus.

Die Leiter jedweder Ausformung muss als ein guter und sicherer Begleiter angenommen werden. Ihre Stabilität, Funktionalität und mein gutes Gefühl in ihre Sicherheit sollte für die Nutzung endscheidend sein. Die Jakobsleiter ist für uns Menschen Fluch und Segen. Jakobs Karriere hat schon geendet, bevor es richtig beginnen konnte. Jakob macht im Traum eine ganz besondere Erfahrung. Er ist durch sein Verhalten in eine Kriese geraten. Sein Verhalten konnte nicht mehr rückgängig gemacht werden. Jakob hatte große Schuld auf sich geladen. Er erlebt etwas, womit er nicht gerechnet hat. Engel kommen zu ihm und entfernen sich wieder. Engel sind immer aktiv. Nicht immer haben sie nur Gutes im Gepäck. Aber sie sind immer auf dem Weg zu den Menschen. Ihre Botschaften zwingen die Menschen zu klaren Positionen.

Wir verstehen , dass eindeutige und nachvollziehbare Möglichkeiten einer klaren Endscheidung nicht im Wege stehen darf. Es gibt immer ein Dafür und ein Dagegen. Dann ist es gut, besonnen abzuwägen. Die Leiter macht so einen Perspecktivwechsel möglich.

Die Pilger auf den Jakobs-Wegen unserer Erde erleben und kennen solche Perspektivwechsel. Die Strapatzen während des Gehens , die unterschiedlichen Höhenlagen und das kräftezerrende Wandern, werden durch schöne Aussichten und Begegnungen mit vielen anderen Pilgern auch noch erträglicher und schön. Perspektivwechsel machen das Leben an sich und den Blick auf unsere Mitmenschen vielschichtiger und kostbarer.

Ich möchte in diesem Kontext nicht alle Unterschiedlichkeiten kritiklos übergehen. Unterschiedliche Kulturen, Bräuche und Lebensweisen, den sogenanten Lifestyle möchte ich nicht kommentieren.

Das Fieberthermometer

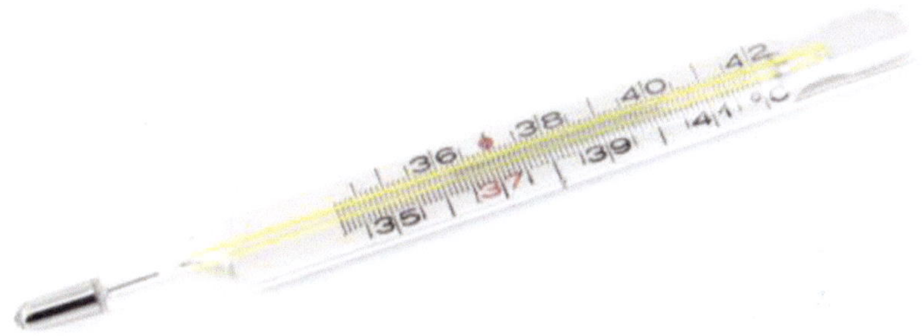

Das Thermometer möchte ich auch zur Gruppe der Leitern zählen.

Die Temperatur des Körpers ist fundamental entscheidend für die Beurteilung eines gesunden oder eines kranken Menschen oder eines Tieres. Wenn die Quecksilbersäule nach oben steigt und einen normalen Wert übersteigt, spricht man von einer erhöten Temperatur.

Dieser Zustand muss beobachtet werden. Das Thermometer ist für uns Menschen wie auch für die Tierwelt ein sehr wichtiges Instrument, um uns immer wieder zu vergewißern und zu schauen, wie es mit der Gesundheit aussieht. Je höher die Quecksilbersäule, desto aufmerksamer müssen wir sein.

Parallelen zur Leiterproblematik sind nicht zu übersehen. Wobei es doch auch Unterschiede in der Wahrnehmung der erhöhten Temperatur gibt.

Bei den Leitern hat der gesunde Mensch in jeder Treppenhöhe die vollständige Endscheidungshoheit. Er hat die Wahl, stehen zu bleiben oder sich weiter nach oben zu bewegen.

 Ein verantwortungsvoller Mensch mit erhöhter Temperatur wird kein Risiko eingehen, um sich zu gefährden.

Bei den Thermometern sind der Quecksilberstand und die schlechtere physische Verfassung endscheidend , wie es oder ob es überhaupt höher oder tiefer gehen kann. Eines haben das Thermometer und die Leiter gemeinsam. Beiden ist der Drang nach oben gemein. Andererseits ist das Momentum der Höhe differenziert zu sehen. Genauer besehen wächst bei der Leiter beim Benutzer die Freude über den geschafften Höhenunterschied. Beim Thermometer wächst die Sorge beim Aufstieg, dass die Fiebertemperatur noch mehr ansteigt und die Kräfte nachlassen. Der Höhenunterschied löst allso unterschiedliche Wahrnehmungen aus. Gleichwohl dürfen wir bei beiden Überlegungen feststellen, dass Höhen unterschiedliche Reaktionen auslösen können. Diese Reaktionen machen sich bei den Menschen bemerkbar, wenn ganz bestimmte Indikatoren zusammenkommen. Man kann festhalten, dass das Fiebertermometer für den Gesundheitszustand eine nicht genug gewürdigte Leiter darstellt. Viele Krankheiten sind erst eindeutig diagnostiziert, wenn das Thermometer eine zu hohe oder eine zu niedrige Körpertemperatur anzeigt. Man kann durchaus von einem lebensrettenden und medizinisch unverzichtbaren Instrument und Hilfsmittel bei der Diagnosestellung sprechen. Eine andere Leiter, die ich nicht vergessen möchte. Ich denke an die Leiter, die erst unser Leben in jeder Hinsicht ein mehr an Wissen schenkt und die Fähigkeit immer mehr verstehen zu können. Die Vorstellung, dass wir uns das ganze Leben lang bemühen und abmühen müssen, ist zunächst nicht motivierend. Trotzdem folgt das Leben einer Logik.

Zunächst einmal können wir festhalten, dass das Leben bzw. der Körper mit den Organen sich bewegen müssen. Vor allen anderen Körperteilen ist das Herz der Motor unseres Lebens. Nichts bewegt sich, wenn das Herz streikt. Nicht vergessen dürfen wir bei dieser Betrachtung, dass die Motivation und die Umsetzung unserer Vorstellungen zur Logik unseres

Lebens gehören. Damit unser Leben nicht aus dem Ruder läuft, dürfen wir der Logik keinen Persilschein ausstellen. Denn nicht alles was logisch ist, muss auch automatisch etisch verantwortbar sein. Auch bei dieser Betrachtung kann die Leiter eine ganz wichtige Aufgabe übernehmen, was sie ja macht. Das Mass aller Dinge ist die Leiter. In diesem Bild können wir uns an den Stufen orientieren. Die Leiter ist auch in viellerlei Hinsicht ein Gradmesser. In bestimmten Lebensbereichen zeigt die Leiter uns Grenzen auf.

Die Leiter als Begleiter im täglichen Leben und als Hilfsmittel beim mitmenschlichem Zusammensein

Die Leiter ist ein nicht mehr wegzudenkender Gebrauchsgegenstand. Ich habe versucht in Anlehnung an unterschiedliche Lebens- und Arbeitssituationen das praktische und das hilfreiche einer Leiter in unterschiedlichsten Gebrauchssituationen aufmerksam zu würdigen.

Mir ist es ein besonderes Anliegen und jetzt noch wichtig, dass wir erkennen, dass unser tägliches Leben gar nicht ohne Leitern vorstellbar ist.

Ich erinnere mich noch sehr gut an meine erste Messdienerstunde. Nach dem Einzug machten wir eine Kniebeuge und knieten uns auf die erste Stufe. Nach dem Stufengebet wurde wieder gestanden und an anderen Stellen im Verlauf des Gottesdienstes musste wieder gekniet oder gestanden werden. Vieles wurde mit der Liturgiereform geändert. Geblieben ist, dass es Stufen rund um den Altartisch gibt. Die Architektur und die Anordnungen der verschiedenen Segmente bieten heuzutage der künstlerischen Freiheit größere und auch sinnvollere Planungen.

Die Leiterfrage bei der Betrachtung der militärischen Ausrichtung ist streng und hierachisch organisiert und verbindlich. Die Leiterfrage ergibt sich aus dem Dienstgrad des Soldaten. Die erste Leiterstufe hat nach bestandener Prüfung der Unteroffizier erreicht. So gibt es bei fast allen organisierten Verbänden und Berufsgruppen verbindliche Leiterstrukturen. Man könnte annehmen, sie wären berufsrelevant. Vielleicht sind die Leiterstrukturen auch über eine lange Zeitspanne gewachsene und bewährte Instrumente des Zusammenlebens. Es gibt ja fast keinen Berufszweig, in dem die Leiter im entfernesten Sinne nicht ihren Platz findet.

In der Schule finden wir zu allerest die Kinder der Unterstufe und dann geht es über die Mittelstufe zur Oberstufe.

Auch im Sport hat die Leiter ihren Platz gefunden.

Die Liste der unterschiedlichsten Leiterformate könnte man ohne Zweifel noch weiter auflisten.

Auch in der Natur bei den Pflanzen finden wir Jakobsleitern

In der Blumenwelt begegnet uns eine ganz besondere Art der Jakobsleiter.

Eigentlich ist die Himmelsleiter eine Pflanzengattung aus der Familie der Sperrkrautgewächse. Die 20-30 Arten sind in Nordamerika undEurasien weitverbreitet. Sie wird auch Blaue Jakobsleiter oder Blaue Himmelsleiter genannt. Ihre Wuchsbreite liegt zwischen 40 bis 60 cm Charakteristisch für die Himmelsleiter sind die kleinen, wechselständig angeordneten Flederblätter.

Die Jakobsleiter Elektrzität

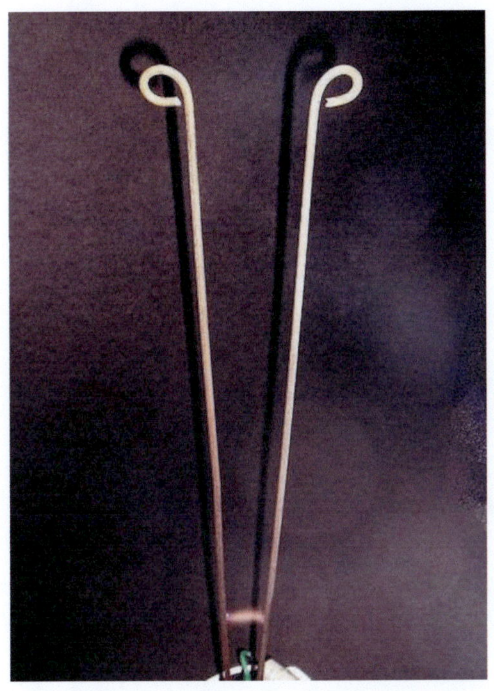

Die Jakobsleiter(Elektrizität) hat die Form eines Hörnerblitzableiters. Sie hat ihren Sitz hauptsächlich bei physikalischen Schauexperimenten. Bei den Versuchen und experimentellen Übungen geht es vor allen Dingen um das pyskalische Verhalten des Lichtbogens bzw. deStromspannungsverhaltens. Ein schönes Bild zeigt die Leiter beim Emporlaufen des Lichtbalkens an den Begrenzungsbügel in einer V-Form.

Die spanische Treppe

<u>Die spanische Treppe</u> in Rom ist mit ihren 138 Stufen eine weltbekannte Sehenswürdigkeit. Nicht nur die einladende Erscheinung ist für viele verliebte Pärchen eine einladende Kulisse für ein FOTO. Diese Treppe ist auch ein geschätztes Motiv für Photografen und Maler. Die spanische Treppe in Rom wird auch als Bindeglied zwischen Himmel und Erde bezeichnet.

Sie ist im Jahre 1725 erbaut worden. Auch eine Treppe, wie auch immer sie gestaltet ist, kann zur Gruppe der Leitern gerechnet werden. Die

Bezeichnung"Himmelsleiter" ist insofern irreführend, weil ja keine Leiter zum Himmel führt, sie weist bestenfalls gen Himmel. Hier ist wohl mehr der Wunsch der Vater des Gedankens.

Theologisch darf man sicher annehmen, dass sich Vieles, was der Mensch tut, und denkt himmlische Bezüge haben kann.

Um bei Jakob zu bleiben, dürfen wir, denke ich feststellen, dass sein Verhalten seinem Bruder und seinem Vater gegenüber keinen himmlischen Bezügen hatte. Es waren die Engel, die auf der Leiter auf und ab zu ihm gekommen sind. Engel sind Boten Gottes. Sie können und wollen nur Gutes für uns Menschen bewirken. Engel sind immer mit guten Botschaften für uns Menschen unterwegs. Nicht selten ist eine ganze Schar von Engeln nötig, um den Menschen von einer Dummheit oder von Schlimmeren abzuhalten.

Beim Betrachten der momentanen Weltgeschichtslage sehe ich, dass an sehr vielen Stellen politisch motivierte und gesellschaftsrelevante höchstexplosive Entwicklungen im Gange sind. Ich komme nicht umhin, Vergleiche mit der Jakobsgeschichte zu ziehen. Auch wenn Vergleiche nicht in jedem Falle die ganze Wahrheit darstellen, bin ich der Auffassung, dass Jakobs Schuld, die er auf sich geladen hat, sich im anderen Masstab widerspiegelt. Die Kriege auf der ganzen Welt sind zum größten Teil Stellvertreterkriege. In diesem Sinne sollen sie mit anderen Mitteln, alte Zustände wieder herstellen. Eine gute Agenda soll den Menschen weltweit ein Leben in Würde ermöglichen. Der Ukrainekrieg zeigt den Menschen dort ein abschreckendes Beispiel. Das große russische Reich ist nach meiner Meinung nicht legitimiert auf Kosten so vieler tote Soldaten die Geschichte zu bemühen. Im nahen Osten, im heiligen Land und an diversen anderen Kriegsschauplätzen geht es meistens um ein bestimmtes Machtverständnis.dass gepflegt werden soll.

Jakob hat seinen Krieg zusammen mit seiner Mutter und später mit sich im geheimen ausgemacht. Sein Plan schiehn ihm gut durchdacht wie auch gut durchzuführen. Wo er vermutlich nicht mitgerechnet hat, war das Ausmaß der Last des Schuldigwerdens, die er auf sich geladen hatte. Und diese Last konnte er nicht tragen.

Es war nicht nur die Schuld, die er sich selbst aufgeladen hatte und die ihm zu erdrücken schien. Sein Gewissen meldete sich.

Ihm wurde sein falsches Handeln bewußt und die Schuld zwang ihn zu Boden. Seine Gedanken nahmen unkontrollierbar eigene Wege. Sie ließen sich nicht mehr steuern. Er musste sich ausruhen und einen Stein als Kopfstütze nehmen. Er war als Mensch ganz unten angekommen. Seine Familie hatte sich von ihm entfernt. In dieser für ihn äußerst hilflosen Position bekommt er Hilfe.

Mehrere Engel machen sich auf den Weg zu ihm. Engel als Boten und Überbringer guter Nachrichten. Sie kommen auf der Leiter, auf dem Jakob sein Haupt gelegt hatte und bewegen sich hinunter und wieder hinauf der Leiter. Engel sind mehr als Boten guter Nachrichten. Die Engel transportieren gute Gedanken, Hoffnungen, Wünsche und Schlagen Lösungen vor.

Wenn ich jetzt noch einmal auf die Geschichte des Jakob schaue, tue ich das, weil Jakob in seiner ausserordentlich schlechten Lage eine bemerkenswerte Erfahrung machen darf. Jakob kämpft an zwei Fronten. Die eine gilt Esau als rechtmässigen Empfänger des Erstgeborenensegens. Die zweite Front galt seinen fast blinden Vater. Jakob hatte viel Schuld auf sich geladen. Ihm ist wohl bewußt geworden, dass er mit der erdrückenden Last nicht weiterleben kann. Er ist ratlos und er begreift und spührt seine aussichtslose Lage.Es gibt kein nach vorne und kein zurück. Nachdem er im Traum Engel auf der Leiter zu ihm kommen sieht und die sich wieder fortbewegen, erkennt er sein Unrecht um so mehr. Jakob weiß um die verfahrene Lage, die sich ihm auftut. Weil Engel guter Nachrichten und die Sinne auf ein gutes Ende Boten lenken, konnte Jakob seinen Weg weiter gehen. Diese Erfahrung könnte ich mir im weitesten Sinne als einen Baustein für die Beendigung der meisten kriegerischen Auseiandersetzungen vorstellen. Es ist kein Novum, dass Kriege immer ein Ende finden, vorrausgesetzt, es gibt eine grundsätzliche Bereitschaft, den Krieg zu beenden und für einen Frieden zu streiten.

Verhandlungen über das Ablegen der Waffen und Verständigungen über gegenseitige Anerkennung und Ratifizierung der Verhandlungsergebnisse sind gute Ratgeber für die Beilegung eines Krieges.

Bei all den administrativen Prozessen spielen die Verhandler eine sehr wichtige Rolle. Im Gespräch ist es äußerst wichtig, dass ein guter Grundton der als guter Bote gefunden wird, damit sich eine wohlwollende Grundstimmung ausbreiten kann. Die guten Geister müssen sich auch lösen können von zwanghaften Klammerungen an Besitzstände.

Die Gespräche sollten auf eine friedliche Grundlage gestellt sein damit der Friedesvorschlag angenommen und ratifiziert werden kann. So kann das Leben nach einer kriegerischen Auseinandersetzung wie bei Jakob auf ein neues und friedliches Niveau weiter gehen. Mir ist die Brisanz so einer Friedenslösungsidee sehr wohl bewußt. Für nichtbeteiligte Aussenstehende klingt so mancher Lösungsansatz zunächst ganz aus dem melitärischen Rahmen zu fallen. Meine Überzeugung ist, dass jeder Krieg auch eine Chance für beide Kriegsparteien bereithält.Es ist der Intelligenz zweier Verhandlungsführer zuzutrauen, das im Vordergrund aller Vereinbahrungen die Würde aller Menschen Priorität gewährt werden muss.

Die spanische Treppe in Rom , wo sich Menschen treffen, die sich in Freundschaft und Liebe begegnen, könnte für viele Konfliktherde eine Treppe der Versönung und Verständigung sein. Es ist wahrlich nicht immer leicht, einen Weg oder eine Stufe auf der Eskalationsleiter zu finden, der die letzte Möglichkeit der Gewalt nicht aufnimmt.

Für mich ist jeder Jakobsweg im Grunde auch eine letzte Stufe für den Frieden in der Welt Zeugnis zu geben.

Der Berg ruft

Als Emsländer kam mir der Berg nie in den Sinn. Es gab sie nur in überschaubaren Größen und Höhen. Diese Tatsache hat mich auch nie veranlaßt, nach ihnen zu suchen, um von ihrer majestätischen Größe fasziniert zu sein, bis ein Mitbruder im Diakonalen Dienst, der als Österreicher aus einer wunderschönen Berglandschaft stammte, unseren Weihejahrgang nach Österreich einlud. Für einen Emsländer kam diese Einladung zum einen unverhofft und zugleich machte sie mich neugierig. Heute kann ich nach so vielen Aufenthalten in Österreich sagen: Die Berge sind immer ein Besuch wert. Ich muss aber auch gestehen, dass die Berge für mich nie eine übertrieben- anziehende Wirkung erzeugt haben. Für mich waren die Berge immer weit weg und ich habe auch nie eine Sehnsucht nach ihnen verspürt. Trotzalledem möchte ich keinen Tag mit meinen Mitbrüdern in Österreich vergessen. Ich bin sehr dankbar für die wunderbare Bergwelt, die ich erleben durfte. Für mich hat sich eine ganz andere Welt aufgetan. Wenn mir auch so mancher Hügel schon die letzten Luft und Kraftreserven gekostet hat. Keinen Tag in den Bergen zusammen mit unserem Weihekurs möchte ich missen.

Eine ganz andere Art der Leiter darf und möchte ich auf keinen Fall in diesem Zusammenspiel der unterschiedlichsten Leiterformen und Anlehnungen vergessen.

Es geht um das Wandern und Bergsteigen im ganz besonderem Kontext.Ich muss in diesem Fall auf 30 Jahre zurück schauen. 1994 würden im Hildesheimer Dom ständige Diakone geweiht.

Dieser Weihekurs war bis heute jährlich in Österreich auf einer Almhütte und hat eine Woche Alm- Exerzitien gemacht. Die ersten Jahre durften wir die Almhütte der Familie Grimm nutzen. Es war der Familie eines Mitbruders zu verdanken, dass wir viele Jahre dort oben auf der Hütte sein durften. Der Aufstieg war nicht für jeden von uns eine Freude. Mit der Zeit hatte man sich aber an das ganz andere Terran gewöhnt.

Ich möchte nicht verhehlen, dass mir schon beim Aufstieg fast jeder Schritt wie eine Leiterstufe vorkam.Für einen Emsländer sind Hügel und Berge doch sehr gewöhnungsbedürftig. Wobei gerade das Unbekannte auch seinen spezifischen Reiz besitzt. Nach einigen Tagen hatte die Bergwelt uns mit allen Sinnen in ihre wunderschöne andere Welt aufgenommen und fasziniert. Wenn der Weg das Ziel ist oder nur zum Ziel führt, dann nutzen alle Ausreden gar nichts. Der Schweiss muss von der Stirn und der nächste Schritt muss gesetzt werden damit es vorwärts weiter gehen kann. Schauen wir noch einmal auf Jakobs Situation am Fusse der Leiter. Er hatte sich wohl zuviel zugemutet. Die ganze Schuld läßt ihn nicht einmal die erste Stufe nach oben steigen. Jakob hatte sein letztes Guthaben verspielt. Keiner wollte noch irgendwie mit ihm irgendwas zu tun haben. Einen Stein als Kopfkissen. Schlechter kann man sich nicht schlafen legen.

Das Bergplateau mit nur einige Almhütten konnte man zufuß ersteigen oder mit der Lastengondel in luftiger Höhe mit genügend Mut erreichen.

Die landwirtschaftlichen Gerätschaften wurden auf einer befestigten Bergstraße auf die Alm geführt. Nach einigen Tagen auf der Alm fühlte ich mich schon wie jemand, der mit einer Leiter auf dem Rücken unterweg war. Der kräftezehrende Aufstieg und die Almathmosphäre mit der Hüttenromantik war für die meisten Mitbrüder neu und schön. Nach jedem Almaufenthalt hat man sich schon wieder auf das nächste Mal gefreut. Auf der Alm ging es nur entweder nach oben oder hinunter. Die Vorstellung ständig mit einer Leiter unterwegs zu sein, schien mir des Öfteren sehr real. Der Hausberg dieser Alm war und ist es immer noch „der Plös." Ein einziges Mal habe ich es geschafft, den Gipfel zu erwandern.

Ich möchte sagen, dass es wohl viele gute Geister oder Engel waren, die mir immer wieder Mut zugesprochen haben. Die erlösende Bergkuppel erreicht zu haben, war für mich als Flachländer so ein schönes Erlebnis und eine Befreiung. Man konnte für eine Minute die eigene Leiter zur Seite stellen und vom Gipfel das schöne Almplatau betrachten. Die Aufenthalte haben nie ihren eigenen Reitz und ihre unverwechselbare Almathmosphäre verloren. Bei kirchlichen Veranstaltungen in Hopfgarten durften wir Diakone oft die Festlichkeit mit begleiten. Mit Blasmusik und natürlich auch ohne Musik haben wir uns gerne an der Prozession beteiligt.

In Virgen waren wir von Anfang an immer herzlich eingeladen, bei den kirchlichen Festlichkeiten mitzuwirken. Dieses Foto zeigt die Vorbereitung zur Eucharistiefeier

Die letzten Jahre durften wir in Viergen in das Gassenhäus'l auf derMellitz schöne Tage verbringen. Es gab fast keine Wegstrecke ohne Steigungen oder Wege und Strassen, die kein Gefälle aufwiesen. Unsere ganz persönliche Leiter mussten wir immer mitführen. Aber trotz der Herausforderungen sind wir immer gut und zufrieden wieder Heim gekehrt. Wir waren mit einem Bully auch für längere Strecken immer gut mobilisiert. Virgen ist ein kleines Städtchen in dem wir uns immer wohlgefühlt haben.

Die Leiter als natürliches, oft nicht als Hilfsmittel erkannte Stütze, macht das Leben für uns Menschen und für die Tierwelt unersetzlich. Das Skelett ist ein Wunderwerk der Evolution. Der Schöpfergott hat den Menschen und die Tierwelt in verschwenderischer Vielfalt und Schönheit erschaffen. Niemand kann die vielen unterschiedlichen Tiere zählen und die Vielfallt der Menschen erahnen. Und das Schönste und Wundervollste ist die Einzigartigkeit jeder der Lebewesen. Jedes Lebewesen ob Mensch oder Tier ist ein Unikat.

Immer wenn ich aufstehen möchte und mir der neue Tag Fragen stellt und gute Ratschläge bereit hält, denke ich: Ist der neue Tag nicht fast wie im Märchen?

Alles was es braucht, damit der neue Tag für mich gut und schön ausgehen kann, ist wunderbar für mich bis in die allerletzte Sekunde für alle Ewentualitäten bereitet .Allein mein erster Schritt in den neuen Tag muss ich in voller Erwartung gehen. Man mag sich gar nicht vorstellen, wie es wäre wenn unser Skelett und die Knochenarchitektur nicht die Flexibilität und die Statik, die alles zusammen hält, uns den festen und sicheren Stand schenken würde. Ich danke dem Schöpfer für soviel standfeste Möglichkeiten im Kleinen und im Großen. Auch wenn uns das Leben   zuweilen viel abverlangt. Der Schöpfergott hat an alle Ewentualitäten gedacht. Wenn uns die Wege zu lang und zu schwer werden, dann erinnert uns der Herr daran, daß wir die Möglichkeit haben, uns auszuruhen und Neue Kräfte zu mobilisieren. Jedes Organ in unserem Körper ist auf „standby" gestellt. Um einen Jakobsweg bis Santiago de Compustella oder durch die Lüneburger Heide fordert den ganzen Menschen mental und körperlich.

Es kann eine große Hilfe sein, wenn der Pilger oder die Pilgerin weiß wie es um ihre/ seine Konstitution steht. Der Pilgerweg ist keine olympische Disziplin.

Es gilt nach wie vor beim Pilgern: Der Weg ist das Ziel!

Meine Bewunderung und meinen Respekt gilt allen Pilgern auf der ganzen Welt.

Durch meine vielen Aufenthalte in Österreich auf der Alm im Deferreckental und in Virgen im Gassenhäus`l auf der Mellitz. Nicht vergessen möchte ich meine Mitbrüder im diakonalem Dienst zu danken, die mich als Flachländer immer unterstützt haben im wahrsten Sinne . Ohne meinen Weihekurs hätte ich vermutlich nie die Almathmosphäre und die Bergwelt als Emsländer kennen und lieben gelernt. Ich muss gestehen, dass meine anatomische Leiter im Emsland eher weniger beansprucht worden ist. Die höchste Erhebung ist der Windberg mit ca 73m ü.NN. Den kann man überqueren ohne zu merken,das man die höchste Erhebung im Hümling bezwungen hat

Das Nachsinnen über wunderschöne Aufenthalte ob in Österreich oder sonstwo auf der Welt sind Sternstunden. Jeder könnte, wenn er wollte viele schöne Aufenthaltsorte benennen und beschreiben. In Begleitung guter Freunde ist auch jeder Ort und manche Stadt ein ganz besonderer Platz. Ich weiß noch sehr genau, wie ich mich gefühlt habe, nachdem ich mit der Freilufttransportgondel über die Baumgipfel zur Almhütte gefahren bin. Nach solch einer Gondelfahrt habe ich mich nie wieder gesehnt. Trotzdem bleiben auch solche Erinnerungen im Gedächnis. Wenn Menschen,die einen Pilgerweg gegangen sind und davon erzählen habe ich eigendlich sehr viel Freude und Begeisterung wahrgenommen. Überwiegend fanden die Pilger den Weg spannend und schön.

Schlussbemerkung

Mir lag sehr viel daran, den Jakob näher kennen zu lernen und sein Leben zu betrachten. Ich muss nicht nach Santiago de Compostela wandern, weil ich zum einen die lange Wegstrecke zu Fuß gar nicht körperlich durchstehen würde und vermutlich den Wunsch, den Pilgerweg zu gehen aufgeben müsste. Nach meinem Schlaganfall 2015 ist mir viel bewusster geworden, wie kostbar die Gesundheit für das Leben wirklich ist. Die Beschäftigung mit der Jakobs -Geschichte hat mich wie ein Fingerzeig erwischt. Nicht nur die Tatsache, dass ich auch einen Zwillingsbruder habe, hat mich bewogen, etwas genauer und intensiver auf die Jakobsgeschichte zu schauen. Mir schien, es tut gut, dass man die eigene Lebensleiter mal wieder in Augenschein nimmt. Vieles erledigen wir und kümmern uns um Dinge, die gar nicht so wichtig sind. Viel wichtiger scheint mir, sind die Engel, die unseren Alltag erträglicher machen. Ein gutes <Wort kann für den Alltag wie Musik in den Ohren klingen. Gute Freunde sind Engel, wenn sie uns helfen, im Alltag positiv zu denken und die Zeit kreativ und angenehm zu gestalten. Situationen, die uns aus den Schuhen heben und uns um den Verstand bringen, kennt glaube ich jeder. Aufregung und Streit gehören manchmal zum Alltag.

Momente der Erschöpfung und der Niedergeschlagenheit sind uns auch nicht fremd. Wer möchte sich in solchen Situationen und Momenten nicht hinlegen und den Kopf in die Hände vergraben? Da wünschen wir uns doch nichts sehnlicher als gute und vertraute Menschen, die uns in die Arme nehmen? Engel eben. Solche Engel gibt es und gab es zu allen Zeiten. Wenn die Arbeit und die Sorgen unerträglich werden und immer wieder unsere Gesundheit strapazieren, sollten wir an die vielen guten Engeln denken, die unterwegs sind zu uns. Gott hat Jakob mit seiner Kraftlosigkeit und in seinem großen Fehlverhalten nicht allein gelassen. Genauso dürfen wir darauf vertrauen, dass wir immer auf Gott zählen können und er uns gute Boten zur Seite stellt. Ich denke und glaube auch, dass Gott uns braucht. Sicher nicht um ihn eine Last abzunehmen. Das ganz Große und das Wichtigste auf der Erde sind für Gott die Menschen. Er braucht jeden Einzelnen. Jeder einzelne Mensch ist mit einer Botschaft hier auf der Erde unterwegs. Da kann sich keiner von loskaufen. Gott braucht jeden Einzelnen für sein Heilswerk. Und das ist eine Herkulesaufgabe. Es ist eine Botschaft des Friedens für die ganze Welt. Gott ist Mensch geworden, um uns für diese Friedensmission zu rüsten. Die Menschen auf der ganzen Erde sehnen sich nach einem friedlichen Miteinander

Leider müssen wir feststellen, dass der Friede immer wieder durch kriegerische Auseinandersetzungen als letztes Mittel mit Gewalt und vielen beklagenswerten Toten herbeigeführt wird. Wie gerne würde ich jeden Kriegstreiber und einem potentiellen Mörder einen Friedenscode ins Gehirn pflanzen.

Die Treppe bzw die Leiter im Sitz des Lebens Jesu und seiner engsten Wegbegleiter

Jesus wurde als Zimmermannssohn geboren.

Wir dürfen davon ausgehen, das ihm die Leiter als Werkzeug wohl bekannt war. Zimmerleute benötigen Leitern für ihre handwerklichen Arbeiten. Ich möchte gerne den Bogen schlagen vom Handwerker hin zum Geher und Seher-Jesus. Viele Erzählungen von ihm zeigen uns den Drang Jesu bei den Menschen sein zu wollen . Er hat in der Auswahl seiner Besuche keine Ausnahmen zugelassen. Ihm ging es immer um den Menschen nicht um Glanz und Gloria. Jesu Blick auf die Menschen ging immer mit einem Perspektivwechsel einher.

Bei einem Perspektivwechsel löst man sich von festgefahrenen Vorstellungen und Meinungen. Jesus hat das Wesentliche, das Kostbarste und das wirklich Einzigartige der Menschen gesehen und ist ihnen mit dieser Sicht begegnet.

Jakob hat in seinem Tun diese Sicht auf seinen Bruder und auf seinen Vater total vermissen lassen Seine Perspektive war nur fokussiert auf seinen Vorteil. Jesus kannte die Vorteile einer Leiter. Höhen und Tiefen sind im Leben oft nur mit einer Leiter zu überwinden.

So besehen könnte man durchaus sagen, dass die Stufen der Leiter oder einer Treppe für das Leben im Allgemeinen systemrelevant sind. Es gibt kein Leben ohne Höhen und Tiefen.

Kein Mensch kommt ohne sie wirklich und gut vorwärts und zurück. Der menschliche Körper ist von Gott so wunderbar und einzigartig geschaffen. Er kann Bewegungen in alle Himmelsrichtungen vollziehen. Der Schöpfer hat uns mit den Bewegungsmöglichkeiten – wie mit der geistigen Kompetenz überreich beschenkt.Es sind alle Vorraussetzungen geschaffen, um sich auf unserem Erdball in jeder Hinsicht richtig und gut zu bewegen vorhanden. Jeder kann Freude und Leid erfahren. ABER immer sind wir in Gottes Hände gehalten und keiner muss sich einsam fühlen. Sich wohl zu fühlen und sich geborgen und geliebt zu wissen, dafür steht Gottes Zusage: Ihr seid in meine Hand geschrieben!

Jakob hat Gottes Hand nicht angenommen. Er wollte auf eigene Faust den Weg des Unrechts gehen. Trotz des Lügens und Jakobs Böswilligkeit läßt Gott zu, dass sich die Engel als Zeichen des guten Willens und des Vergebens auf der Leiter auf und nieder bewegen.

Die Geschichte des Jakob macht für Menschen, die an Gott glauben können, noch einmal sehr deutlich, dass es auch in sehr schwierigen Lebenssituationen Momente gibt, die uns menschlich so überfordern, dass es uns zu Mitteln treibt, die großes Unrecht hervorruft.

Es ist jetzt an uns als Erdenbürger dafür zu sorgen, dass auf unserer Erde in vielerlei Hinsicht nachhaltiges Engagement in Umwelt und Klima gewollt und gefördert wird. Die Menschen auf dem Globus mit den diversen Farben und Einstellungen tragen alle Verantwortung für den globalen Fortbestand unserer Lebensgrundlage. Kein Gedanke daran darf unterbunden werden. Kommen wir jetzt wieder zurück zu Jakob.

Für Jesus war der Weg nach Golgotha sein schwerster und steinigster. Er musste diesen Weg alleine gehen. Verhöhnt und verspottet und mit einer Dornenkrohne auf dem Kopf. Jesus ist den Weg zum Kreuz mit erhobenem Haupt gegangen. Ganz anders endete der Weg des Jakob. Jesus hatte eine Mission. Sein ganzes Leben war ein Lehrstück für ein verantwortestes Leben. Das von Jakob geführte Leben war eine menschenverachtende Aufführung, eine von Egoismus gesteuerte Kathastrophe

Bei aller notwendigen Differenzierung bleibt Jakob als Mensch ein abschreckendes Beispiel für ein verfuschtes Leben. Dennoch nimmt sein armseeliges Leben zum Schluß noch eine Wendung zum Guten. Es scheint mir wie ein Fingerzeig Gottes. Auch und gerade weil Jakob am Ende seiner Kräfte war und sich für ihn keine Tür der Hoffnung auf bessere Zeiten auftat, lies der Herr ihn nicht alleine. In der Schrift können wir lesen, dass sich Engel auf den Weg machten, um Jakobs Situation zum Besseren zu wenden. Engel gehen auf der Lebensleiter auf und ab.

Dies ist für mich das schönste und stärkste Bild für unsere Bewältigung der täglichen Arbeiten. Wie oft macht uns der tägliche Alltag mit all den vielen kleinen und großen Herrausforderungen schwer zu schaffen und manchmal auch wütend und ungerecht.

Die Engel begleiten uns ständig und wir können uns auf sie verlassen. Wenn es uns auch eimal zum Davonlaufen ist, uns die inneren Kräfte verlassen, dann tut ein Besuch von Freunden gut. Für uns können sie Engel sein, wenn sie kommen und einfach nur zuhören und versuchen zu verstehen, worum es wirklich geht. Engel sind gute Ratgeber und können uns auch Wege aufzeigen, die uns helfen, den nächsten Schritt zu tun. Das Bild von Jakob mit dem Kopf auf der ersten Stufe der Leiter und die Engel, die sich auf der Leiter herunter und wieder nach oben bewegen hat auch einen österlichen Charakter. Die Anklageschrift für Jesus schreit formlich nach Angst und Egoismus. Die römischen Besatzer sahen sich bedroht, überrascht und schließlich machtlos gegenüber Jesu Anhänger und gegenüber dem leeren Grab am Ostertag. Am Ostertag wurde Jesu Auferstehung zum Sieg über den Tod.

Jesu Tod und Auferstehung konnte erst unser Leben segnen. Wir sind durch Jesu Tod und Auferstehung neue Menschen geworden.

Uns ist ein neues, anderes Leben zugesagt. Am Ende der Lebensleiter, nach der letzten Stufe gibt es keine Fragen mehr, dann hat Gott uns Leben in Fülle versprochen. Ich glaube fest daran, dass Gott jede Lebensstufe,die voller Mühen und Sorgen beladen war, am Ende des Lebens in Wohlgefallen umkehrt, Voraussetzung dafür wird sicher eine ehrliche Gewissenserforschung sein. Jakob hat sein Unrecht gespürt und Gottes Boten ,die Engel wahrgenommen.

Nur durch sein Eingestehen, Böses getan zu haben, kann er in Frieden weiterleben. Für Jakob geht sein Leben weiter. Er hat diese Nacht sicher nicht mehr vergessen. Er verläßt sein Familienhaus und zieht weiter. Wir dürfen vermuten, dass ihm der Traum und die Engel auf der Leiter noch lange als Begleiter bei ihm geblieben sind.

Die Jakobsgeschichte kann für alle Menschen wichtige und überlebenwichtige Impulse bereithalten. Das Leben ansich schickt uns manchmal auf einen Weg, den wir nicht kennen und nicht wissen,ob es der richtige oder der falsche ist und wo er uns hinführt. Um bei dem Jakobsweg zu bleiben, wir können relativ sicher sein, dass alle Wege ordnungsgemäß ausgeschildert sind. So finden wir auch unsere Lebenswege durch die Zeit relativ sicher und gut ausgeschidert. Die 10 Gebote zeigen uns kompromisslos wo und wie unser Weg weiter gehen kann.

Jede neue Herausforderung müssen wir manchmal spontan oder langsam angehen.

Das Sprichwort: „Kommst du heute nicht, kommst du morgen" passt heute nicht zur Lebens-und Beschäftigungswirklichkeit. Alles muss schnell und gut und überall möglich sein. In dieser schnellebiegen Zeit, wo man kein Warten und keine Pausen mehr zuläßt, werden wir von der Schnellebigkeit gesteuert. Wenn es einen positiven Aspekt in der

Jakobsgeschichte gibt, dann doch der Moment des Jakobs an seinem Tiefpunkt Sein Weg, den er sich alleine zuschreiben musste, hatte für ihn nichts Lebenswertes mehr. Unerwartet bekommt er Besuch. Boten Gottes, die Engel, als Zeichen und als Angebot Gottes, es noch einmal mit ihm zu versuchen. Er bekommt eine 2. Chance. Das ist Gottes Weg mit uns. Gott ist immer ansprechbar. Nie hält er die Ohren zu, wenn wir ihm Alles zutrauen. Diese Zusage und dieses Zeichen, welches Jakob gegolten hat, gilt auch für jeden Menschen. Der Mensch kann sehr tief fallen und schlimme Dinge tun. Wer an Gottes Barmherzigkeit glauben kann, der wird immer auch in seine Hände fallen.

In Buch 1.Mose/Genesis 17-21

Jakobs Vater war der Stammvater Israels. Er hieß Abram. Als Abram 99 Jahre alt wurde, erschiehn ihm der HERR und sagte: Ich bin der Gott, der alle Macht hat. Richte dich stets nach meinem Willen und tu, was recht ist. Ich schließe mit dir einen Bund und gebe dir die feste Zusage: Du wirst unermesslich viele Nachkommen haben. Abram warf sich zu Boden und Gott sagte weiter zu ihm: Ich verbürge mich dafür. Du wirst zum Vater zahlreicher Völker werden. Deshalb sollst du nicht mehr Abram heißen, sondern Abraham. Du wirst so viele Nachkommen haben, daß sie zu ganzen Völkern werden und sogar Könige sollen von dir abstammen. Dann sagte Gott zu Abraham deine Frau Saral sollst du von jetzt an Sarah nennen. ich will dich segnen und dir auch durch sie einen Sohn schenken. Sie soll die Mutter ganzer Völker werden und Könige sollen von ihr abstammen. Abraham neigte sein Gesicht zur Erde und lachte in sich hinein. Ich bin 100 Jahre alt und Sarah ist 90, dachte er. Wie sollen wir da noch ein Kind bekommen. Er sagte zu Gott:" Wenn nur Ismail am Leben bleibt, lass doch deine Zusage für ihn gelten". Aber Gott sagte: nein! Deine Frau Sarah wird einen Sohn zur Welt bringen, du sollst ihn Isaak nennen. Ihm und seinen Nachkommen gilt meine Zusage für alle Zeiten. Auch deine Bitte für Ismail will ich erfüllen: ich werde ihn segnen und ihm zahlreiche Nachkommen schenken.

Ich mache ihm zum Vater eines großen Volkes von 12 Stämmen. Aber mein Bund gilt für Isaak, den dir Sarah gebären wird. Übers Jahr um diese Zeit wird er zur Welt kommen.

Als Gott ausgeredet hatte, verließ er Abraham. Noch am gleichen Tag beschnitt Abraham seinen Sohn Ismael und alle seine Sklaven die bei ihm geboren oder von Fremden gekauft worden waren. Genau wie Gott es angeordnet hatte. Auch Abraham selbst ließ sich beschneiden.

Er war 99 Jahre alt und sein Sohn Ismael 13 Jahre. Vater und Sohn wurden am gleichen Tag beschnitten zusammen mit allen anderen, die zu Abrahams Haushalt gehörten.

Isaak will seinen Erstgeborenen segnen.

Isaak war alt geworden und konnte nicht mehr sehen. Da rief er eines Tages seinen älteren Sohn zu sich. Was willst du, Vater? Fragte Esau. Isaak sagte: „ Ich bin alt und weiß nicht wie lange ich noch lebe bevor ich sterbe"Nimm deshalb Pfeil und Bogen, jage ein Stück Wild und bereite es mir zu, wie ich es gerne habe. Ich will mich stärken damit ich dich segnen kann, bevor ich sterbe."

t war und seine Augen dunkel wurden, so daß er nicht mehr sehen konnte, da rief er Esau, seinen älteren Sohn, und sprach zu ihm: Mein Sohn! Er aber antwortete ihm: Hier bin ich!

2 Und er sprach: Siehe, ich bin alt und weiß nicht, wann ich sterbe.

3 So nimm nun dein Jagdgerät, deinen Köcher und deinen Bogen, und geh aufs Feld und jage mir ein Wildbret,

4 und bereite mir ein schmackhaftes Essen, wie ich es gern habe, und bring es mir herein, daß ich esse, damit meine Seele dich segne, bevor ich sterbe!

5 Rebekka aber hörte zu, als Isaak diese Worte zu seinem Sohn Esau sagte. Und Esau ging aufs Feld, um ein Wildbret zu jagen und es heimzubringen.

6 Da redete Rebekka mit ihrem Sohn Jakob und sprach: Siehe, ich habe gehört, wie dein Vater mit deinem Bruder Esau redete und sagte:

7 »Bring mir ein Wildbret und bereite mir ein schmackhaftes Gericht, daß ich esse und dich segne vor dem Angesicht des Herrn, ehe ich sterbe!«

8 So gehorche nun, mein Sohn, meiner Stimme und tue, was ich dir sage:

9 Geh hin zur Herde und hole mir von dort zwei gute Ziegenböcklein, daß ich deinem Vater ein schmackhaftes Gericht davon bereite, wie er es gern hat.

10 Das sollst du deinem Vater hineintragen, damit er es ißt und dich vor seinem Tod segnet!

11 Jakob aber sprach zu seiner Mutter Rebekka: Siehe, mein Bruder Esau ist rauh, und ich bin glatt.

12 Vielleicht könnte mein Vater mich betasten, da würde ich in seinen Augen als ein Betrüger erscheinen; so brächte ich einen Fluch über mich und nicht einen Segen!

13Da sprach seine Mutter zu ihm: Dein Fluch sei auf mir, mein Sohn! Gehorche du nur meiner Stimme, geh hin und hole es mir!

14 Da ging er hin und holte es und brachte es seiner Mutter. Und seine Mutter machte ein schmackhaftes Essen, wie es sein Vater gern hatte.

15 Rebekka nahm auch die guten Kleider Esaus, ihres älteren Sohnes, die sie bei sich im Haus hatte, und zog sie Jakob, ihrem jüngeren Sohn, an.

16 Aber die Felle der Ziegenböcklein legte sie ihm um die Hände, und wo er glatt war am Hals;

17 und sie gab das schmackhafte Essen und das Brot, das sie bereitet hatte, in die Hand ihres Sohnes Jakob.

18 Und er ging hinein zu seinem Vater und sprach: Mein Vater! Er antwortete: Hier bin ich! Wer bist du, mein Sohn?

19 Jakob sprach zu seinem Vater: Ich bin Esau, dein Erstgeborener; ich habe getan, wie du mir gesagt hast. Steh doch auf, setz dich und iß von meinem Wildbret, damit mich deine Seele segne!

Er kam an einen bestimmten Ort und übernachtete dort, denn die Sonne war untergegangen. Er nahm einen von den Steinen dieses Ortes, legte ihn unter seinen Kopf und schlief dort ein.

12 Da hatte er einen Traum: Siehe, eine Treppe stand auf der Erde, ihre Spitze reichte bis zum Himmel. Und siehe: Auf ihr stiegen Engel Gottes auf und nieder.

13 Und siehe, der HERR stand vor ihm und sprach: Ich bin der HERR, der Gott deines Vaters Abraham und der Gott Isaaks. Das Land, auf dem du liegst, will ich dir und deinen Nachkommen geben.

14 Deine Nachkommen werden zahlreich sein wie der Staub auf der Erde. Du wirst dich nach Westen und Osten, nach Norden und Süden ausbreiten und durch dich und deine Nachkommen werden alle Sippen der Erde Segen erlangen.

15 Siehe, ich bin mit dir, ich behüte dich, wohin du auch gehst, und bringe dich zurück in dieses Land. Denn ich verlasse dich nicht, bis ich vollbringe, was ich dir versprochen habe.

16 Jakob erwachte aus seinem Schlaf und sagte: Wirklich, der HERR ist an diesem Ort und ich wusste es nicht.

17 Er fürchtete sich und sagte: Wie Ehrfurcht gebietend ist doch dieser Ort! Er ist nichts anderes als das Haus Gottes und das Tor des Himmels.

18 Jakob stand früh am Morgen auf, nahm den Stein, den er unter seinen Kopf gelegt hatte, stellte ihn als Steinmal auf und goss Öl darauf.

19 Dann gab er dem Ort den Namen Bet-El - Haus Gottes -. Früher hieß die Stadt Lus. 20 Jakob machte das Gelübde: Wenn Gott mit mir ist und mich auf diesem Weg, den ich gehe, behütet, wenn er mir Brot zum Essen und Kleider zum Anziehen gibt,

21 wenn ich wohlbehalten heimkehre in das Haus meines Vaters, dann wird der HERR für mich Gott sein

22 und dieser Stein, den ich als Steinmal aufgestellt habe, soll ein Gotteshaus werden. Von allem, was du mir gibst, will ich dir gewiss den zehnten Teil geben.

Inhaltsverzeichnis

Printed by Books on Demand GmbH, Norderstedt / Germany